essentials

essentials liefern aktuelles Wissen in konzentrierter Form. Die Essenz dessen, worauf es als „State-of-the-Art" in der gegenwärtigen Fachdiskussion oder in der Praxis ankommt. *essentials* informieren schnell, unkompliziert und verständlich

- als Einführung in ein aktuelles Thema aus Ihrem Fachgebiet
- als Einstieg in ein für Sie noch unbekanntes Themenfeld
- als Einblick, um zum Thema mitreden zu können

Die Bücher in elektronischer und gedruckter Form bringen das Expertenwissen von Springer-Fachautoren kompakt zur Darstellung. Sie sind besonders für die Nutzung als eBook auf Tablet-PCs, eBook-Readern und Smartphones geeignet. *essentials:* Wissensbausteine aus den Wirtschafts-, Sozial- und Geisteswissenschaften, aus Technik und Naturwissenschaften sowie aus Medizin, Psychologie und Gesundheitsberufen. Von renommierten Autoren aller Springer-Verlagsmarken.

Weitere Bände in der Reihe http://www.springer.com/series/13088

Dirk Lippold

Marktorientierte Unternehmensplanung

Eine Einführung

2., überarbeitete Auflage

 Springer Gabler

Dirk Lippold
Berlin, Deutschland

ISSN 2197-6708   ISSN 2197-6716   (electronic)
essentials
ISBN 978-3-658-26090-3   ISBN 978-3-658-26091-0   (eBook)
https://doi.org/10.1007/978-3-658-26091-0

Die Deutsche Nationalbibliothek verzeichnet diese Publikation in der Deutschen Nationalbiblio-
grafie; detaillierte bibliografische Daten sind im Internet über http://dnb.d-nb.de abrufbar.

Springer Gabler
© Springer Fachmedien Wiesbaden GmbH, ein Teil von Springer Nature 2015, 2019

Springer Gabler ist ein Imprint der eingetragenen Gesellschaft Springer Fachmedien Wiesbaden
GmbH und ist ein Teil von Springer Nature
Die Anschrift der Gesellschaft ist: Abraham-Lincoln-Str. 46, 65189 Wiesbaden, Germany

Was Sie in diesem *essential* finden können

- Einführung in den Bezugsrahmen, der die Phasen des Planungsprozesses beschreibt
- Überblick über die wichtigsten Einflussfaktoren, die den Außenkurs eines Unternehmens bestimmen
- Überblick über die wichtigsten Analysetools, die dem Management zur Untersuchung der Einflussfaktoren zur Verfügung stehen
- Überblick über das Zielsystem und die allgemeinen Wertvorstellung eines Unternehmens
- Beschreibung strategischer Maßnahmen als Weg zum Ziel

Vorwort zu 2. Auflage

Im Rahmen der 2. Auflage wurde dieses *essential* grundlegend überarbeitet und aktualisiert. Dazu sind vor allem viele Passagen aus meinem Buch „Marktorientierte Unternehmensführung und Digitalisierung" (2017) eingeflossen. Es handelt sich dabei insbesondere um eine Aktualisierung der externen Einflussfaktoren, also der Außenfront eines Unternehmens.

Für die neue Auflage wurden nicht nur die Texte kritisch durchgesehen, sondern auch sämtliche Grafiken überarbeitet und farblich gestaltet. Für die verlagsseitige Unterstützung bedanke ich mich bei Frau Juliane Seyhan sowie Frau Anette Villnow, die das Projekt jederzeit unterstützt haben.

Berlin   Dirk Lippold
im Februar 2019

Vorwort

Ob globaler Smartphone-Hersteller oder Automobilkonzern, ob regionale Einzelhandelskette oder IT-Dienstleister – allen gemeinsam ist diesen Unternehmen, dass sie sich mit den internen und externen Einflussfaktoren, also ihrer Umwelt, auseinandersetzen müssen, um im Wettbewerb zu bestehen. Die meisten Unternehmen bewerkstelligen dies im Rahmen ihrer Unternehmensplanung, deren *marktorientierte* Ausprägung eine Reihe von Analyse-Methoden bereitstellt. In diesem Zusammenhang ist anzumerken, dass eine marktorientierte Unternehmensplanung letztlich auch immer eine strategische Marketingplanung beinhaltet, denn der Markt und seine Mechanismen, also die Außenfront des Unternehmens, ist letztlich die eigentliche Spielwiese der Marketingstrategen.

Die vorliegenden Ausführungen, die zu einem Großteil meinem Buch „Die Unternehmensberatung. Von der strategischen Konzeption zur praktischen Umsetzung" sowie der 2. Auflage meines Buches „Die Marketing-Gleichung. Einführung in das prozess- und wertorientierte Marketingmanagement" entnommen sind, verfolgen das Ziel, die verschiedenen unternehmensinternen und -externen Einflussfaktoren beispielhaft zu durchleuchten und im Rahmen von marktorientierten Analyse-Methoden in einen Wirkungszusammenhang zu stellen. Darüber hinaus werden im Rahmen des Planungsprozesses die Beziehungen zwischen Analyse, Zielen, Strategien und Maßnahmen herausgearbeitet.

Zur Unterstützung des Leseflusses wurde auf die Verwendung von Fußnoten verzichtet. Eine ausführliche Auflistung der verwendeten und weiterführenden Literatur ist im Anhang enthalten.

Berlin   Dirk Lippold
im März 2015

Inhaltsverzeichnis

Sachlich-systematische Grundlegung 1

1.1 Bezugsrahmen

Die Unternehmensplanung ist Teil des Planungssystems eines Unternehmens. Im Gegensatz zu Teilbereichsplanungen oder Projektplanungen ist die Unternehmensplanung auf das Verhalten des Unternehmens als *Ganzes* ausgerichtet. Die Fokussierung der Planungsintension auf den *Markt* ist deshalb beabsichtigt, weil der Markt die eigentliche „Front" des Unternehmens darstellt, auf die letztlich alle Unternehmensaktivitäten gerichtet sein müssen, um die gesetzten Ziele zu erreichen. Die marktorientierte Unternehmensplanung definiert somit den entscheidenden **Außenkurs** des Unternehmens (vgl. Becker 1993, S. 4).

Eine Erfolg versprechende Unternehmensplanung beginnt mit einer systematischen Umwelt- und Unternehmensanalyse, die Chancen und Risiken des relevanten Absatzmarktes einerseits sowie Stärken und Schwächen des Unternehmens andererseits identifiziert und bewertet. Die Verdichtung und Verzahnung dieser Daten und Informationen führt zum **konzeptionellen Kristallisationspunkt,** der den Ausgangspunkt für Zielbildung, Strategiewahl und Vorgehensmodell sowie für den auszuwählenden Maßnahmen-Mix darstellt (vgl. Becker 2009, S. 92 f.).

In Abb. 1.1 sind die Zusammenhänge zwischen Umwelt- und Unternehmensanalyse sowie marktorientierter Unternehmensplanung dargestellt.

Da der Absatzmarkt kein statisches Gebilde ist, sondern *dynamische* Strukturen aufweist, gibt es auch nicht *ein* marktorientiertes Unternehmenskonzept und damit auch nicht *ein* Erfolgsrezept für das Unternehmensmanagement, sondern verschiedene Optionen, um auf die unterschiedlichen Rahmenbedingungen zu reagieren.

© Springer Fachmedien Wiesbaden GmbH, ein Teil von Springer Nature 2019
D. Lippold, *Marktorientierte Unternehmensplanung,* essentials,
https://doi.org/10.1007/978-3-658-26091-0_1

1.2   Planungsprozess

Mit Abb. 1.1 ist zugleich auch die Grundlage für die Abfolge des Planungsprozesses einer Unternehmensplanung festgelegt. Der Planungsprozess orientiert
sich an folgenden Phasen (vgl. dazu auch Bidlingmaier 1973, S. 16 ff.):

- **Situationsanalyse** (Wo stehen wir?)
- **Zielsetzung** (Wo wollen wir hin?)
- **Strategie** (Wie kommen wir dahin?)
- **Mix** (Welche Maßnahmen müssen dazu ergriffen werden?)

Abb. 1.2 zeigt diese vier Phasen als generellen Rahmen der Unternehmensplanung.

In der ersten Phase geht es um die **Situationsanalyse,** d. h. um eine Analyse
der wesentlichen *externen* und *internen* Einflussfaktoren auf das Unternehmen.
Die Situationsanalyse gliedert sich in die Umweltanalyse (engl. *External Analysis*) und in die Unternehmensanalyse (engl. *Self Analysis*) (vgl. Aaker 1984,
S. 47 ff., 113 ff.).

- Die **Umweltanalyse** betrachtet wichtige unternehmensexterne Rahmenbedingungen und ihre Auswirkungen auf das Unternehmens- und

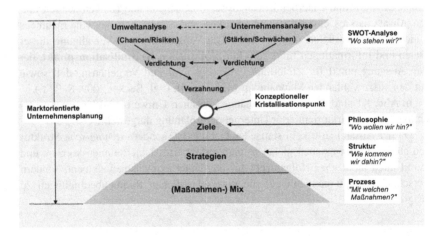

Abb. 1.1 Bezugsrahmen für die marktorientierte Unternehmensplanung. (Quelle: in
Anlehnung an Becker 2009, S. 93)

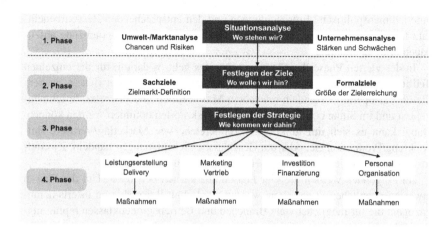

Abb. 1.2 Phasen einer Unternehmensplanung. (Quelle: Lippold 2015c, S.3)

Marketingumfeld. Diese externen Einflussfaktoren bilden das sogenannte **Makro-Umfeld** des Unternehmens. Die Makro-Umwelt kann zwar vom Unternehmen nicht beeinflusst werden. Gleichwohl obliegt der Unternehmensführung die Aufgabe, die dominierenden Trends im Unternehmensumfeld mit seinen **Chancen** und **Risiken** für das Unternehmen frühzeitig zu erkennen und bei der Ziel-, Strategie- und Maßnahmenplanung zu antizipieren.

- Die **Unternehmensanalyse** liefert eine systematische Einschätzung und Beurteilung der strategischen, strukturellen und kulturellen Situation des Unternehmens und bezieht sich damit auf das **Mikro-Umfeld.** Im Rahmen der Unternehmensanalyse geht es darum, die **Stärken** und **Schwächen** des Unternehmens mit dem Ziel aufzuzeigen, über welche Fähigkeiten das Unternehmen insbesondere im Vergleich zu seinen Mitbewerbern verfügt.

Das Ergebnis der Analysephase, die in der Praxis regelmäßig als **SWOT-Analyse** *(Strengths, Weeknesses, Opportunities, Threats)* durchgeführt wird, ist eine Darstellung der Ausgangssituation.

An die umwelt- und unternehmensanalytisch aufbereitete Situationsanalyse schließt sich der **Zielbildungsprozess** als zweite Phase an. Hier werden die wesentlichen Zielgruppen, das Leistungsangebot des Unternehmens und die zum Einsatz kommenden Ressourcen vorgeplant.

In der dritten Phase wird auf der Grundlage des unternehmerischen Zielsystems die **Unternehmensstrategie** festgelegt. Sie hat die Aufgabe,

unternehmenspolitische Entscheidungen und den entsprechenden Ressourcenein-
satz für die Teilbereichsplanungen zu kanalisieren und Erfolgspotenziale aufzubauen bzw. zu erhalten.

In der vierten Phase des Planungsprozesses geht es darum, für die einzelnen
Teilbereiche des Unternehmens einen Handlungsrahmen zu entwickeln, in dem
die für das operative Handeln relevanten **Maßnahmen** und **Prozesse** zusammengefasst und im Sinne bestimmter Anforderungskriterien optimiert werden können.
Dabei kann es sich um funktionale Teilbereiche wie Marketing/Vertrieb, Ent-
wicklung/Produktion etc. oder um Geschäftsbereichsplanungen handeln. Zweifellos stehen dabei die marktbezogenen Maßnahmen im Vordergrund.

Im Folgenden werden die vier Phasen ausführlich behandelt. Um die Phasen
etwas anschaulicher zu gestalten, werden wiederholt Beispiele und Inserts herangezogen, die für möglichst viele Branchen und Betriebsgrößenklassen repräsenta-
tiv sind.

Analyse – Wo stehen wir?

2

Um eine marktorientierte Unternehmensplanung entwickeln und umsetzen zu können, muss das Management zunächst den dynamischen Kontext verstehen, in welchem das Unternehmen agiert, und die wichtigsten Einflussfaktoren dieser Umgebung identifizieren (vgl. Kotler et al. 2011, S. 210).

Abb. 2.1 gibt einen Überblick über die verschiedenen Einflussfaktoren des Unternehmens.

2.1 Unternehmensexterne Einflussfaktoren – Makro-Umfeld

Die externen Einflussfaktoren, also das Makro-Umfeld des Unternehmens, lassen sich nach dem **DESTEP-Prinzip** in sechs Einflussgruppen unterteilen (vgl. Runia et al. 2011). DESTEP ist ein englisches Akronym für:

- Einflüsse der **demografischen** Umwelt (engl. *Demographic* environment)
- Einflüsse der **makro-ökonomischen** Umwelt (engl. *Economic environment*)
- Einflüsse der **sozio-kulturellen** Umwelt (engl. *Social-cultural environment*)
- Einflüsse der **technologischen** Umwelt (engl. *Technological environment*)
- Einflüsse der **ökologischen** Umwelt (engl. *Ecological environment*)
- Einflüsse der **politisch-rechtlichen** Umwelt (engl. *Political environment*).

Gebräuchlich ist aber auch das Akronym PESTLE, das für nahezu die gleichen Inhalte bzw. Abkürzungen lediglich eine andere Reihenfolge verwendet. Der einzige Unterschied besteht darin, dass bei der PESTLE-Systematik die

© Springer Fachmedien Wiesbaden GmbH, ein Teil von Springer Nature 2019
D. Lippold, *Marktorientierte Unternehmensplanung*, essentials,
https://doi.org/10.1007/978-3-658-26091-0_2

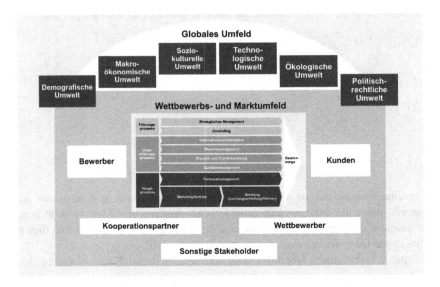

Abb. 2.1 Externe und interne Einflussfaktoren des Unternehmens

demografische Umwelt der *sozio-kulturellen Umwelt* zugeordnet wird und die *politische-rechtlichen Faktoren* in zwei Einflussbereiche aufgeteilt werden (siehe hierzu im Folgenden auch Lippold 2017, S. 47 ff.).

2.1.1 Demografische Einflüsse

Das Wachstum der Weltbevölkerung, die **Alterung und Schrumpfung der Bevölkerung** im Westen, **wachsende Migrationsströme** und demografische Verwerfungen kennzeichnen wichtige demografische Einflüsse. Von Bedeutung sind aber auch die Aufweichung der traditionellen Geschlechterrollen, die zunehmend wichtigere Rolle von Frauen im Erwerbsleben sowie die Aufwertung sozialer und kommunikativer Kompetenzen. Für das Familien- und Erwerbsleben gleichermaßen spielen die **Work-Life-Balance** sowie neue Familien- und Lebensformen eine immer größere Rolle. Angesprochen sind der Trend zur Kleinfamilie und die Zunahme nomadischer Haushaltsformen sowie die Verschiebung der Aufmerksamkeit von der Arbeits- in die Privatsphäre auf der anderen Seite.

Bereits heute lässt sich mit hoher Zuverlässigkeit für Deutschland vorhersagen, dass im Jahr 2030 die Gruppe der über 65-Jährigen um ca. ein Drittel von derzeit 16,7 Mio. auf 22,3 Mio. anwachsen wird. Gleichzeitig werden 17 % weniger Kinder und Jugendliche in Deutschland leben (vgl. Statistisches Bundesamt 2011, S. 8). Aus diesem demografischen Wandel lassen sich für Unternehmen mindestens zwei Herausforderungsdimensionen ableiten. Die internen Herausforderungen, die durch das steigende Durchschnittsalter der Belegschaft induziert werden, berühren insbesondere das Personalmanagement, die Gestaltung interner Prozesse sowie das Produktionsmanagement. Die externen Herausforderungen, die durch einen ständig **wachsenden Anteil der älteren Konsumenten** an der Gesamtbevölkerung hervorgerufen werden, betreffen im Wesentlichen die Produktentwicklung sowie das Marketing und den Vertrieb. Hierbei geht es um Produkte und Dienstleistungen, die den spezifischen Bedürfnissen dieser wachsenden Kundschaft entsprechen und die erfolgreich vermarktet werden können. Für Unternehmen z. B., die Innovationen für ihre älter werdende Kundschaft entwickeln und anbieten, stellen sich drei wichtige Fragen (vgl. Kohlbacher et al. 2010, S. 30 ff.):

- Wie lässt sich der sog. „**Silbermarkt**" (Assoziation mit grauem bzw. silbernem Haar, das für Alter steht) segmentieren bzw. in homogene Teilmärkte zerlegen?
- Wie können offene und latente Wünsche und Bedürfnisse potenzieller „Silber"-Kunden durch die Marktforschung erfasst werden und in die Produktentwicklung einfließen?
- Wie müssen Produktentwicklung und Marketing/Vertrieb zusammenarbeiten und ausgerichtet werden, um den Silbermarkt effizient zu bedienen?

2.1.2 Makro-ökonomische Einflüsse

In diesem Umweltbereich wird betrachtet, welche Einflussfaktoren auf das Angebots- und Nachfrageverhalten der Güter- und Kapitalmärkte einer Volkswirtschaft wirken. Besonders wichtig sind jene Faktoren, die zur **Verschärfung der Wettbewerbssituation,** d. h. zum Wandel der Konkurrenzverhältnisse im internationalen und globalen Kontext führen. Hierzu zählt insbesondere die Innovation als zentraler Wachstumstreiber und Wettbewerbsfaktor.

Veränderungen der Absatz- und Beschaffungsmärkte und spezifische Branchentendenzen (z. B. Wachstumsrate einer Branche), Einkommensverteilung, Geldvermögen, Sparquote, Inflationsrate, Arbeitslosenquote, Zinsniveau und Kaufkraftentwicklung sind weitere Rahmenbedingungen. In die Kategorie *spezifische Branchentendenzen* fällt auch der Trend zur **Optimierung**

der Dienstleistungstiefe, d. h. die Frage, inwieweit bestimmte Aktivitäten der zentralen Dienste (Marketing, Personal, Controlling etc.) ausgelagert und durch andere Unternehmen wahrgenommen werden können *(Outsourcing).* Die zentralen Zielsetzungen in Verbindung mit Outsourcing bestehen darin, sich auf Kernkompetenzen zu konzentrieren und Kosten zu reduzieren.

Das global wachsende Bildungsniveau, die **daten- und wissensbasierte Wertschöpfung** und **lebenslanges Lernen** sind weitere Einflüsse, die in diese Rubrik fallen und unter dem Stichwort „wissensbasierte Ökonomie" zusammengefasst werden können.

2.1.3 Sozio-kulturelle Einflüsse

Der Zukunfts- und Trendforscher MATTHIAS HORX hat in diesem Zusammenhang vier sogenannte *Megatrends* erkannt, die unser künftiges sozio-kulturelles Umfeld beeinflussen werden (siehe Abb. 2.2):

- **Megatrend Asien.** Hier sind Länder wie China, Indien und Vietnam angesprochen, die seit Jahren als attraktive und kostengünstige Alternative zu den traditionellen High-Tech- und Service-Standorten der westlichen Welt gelten.
- **Megatrend Frauen.** Gemeint ist in erster Linie das Erstarken des weiblichen Geschlechts im beruflichen Umfeld mit Auswirkungen auf Freizeit und Kaufverhalten.
- **Megatrend Individualisierung.** Angesprochen sind der Trend zur Kleinfamilie und die Zunahme nomadischer Haushaltsformen sowie die Verschiebung der Aufmerksamkeit von der Arbeits- in die Privatsphäre auf der anderen Seite (Work-Life-Balance).
- **Megatrend Alterung.** Die Veränderung der Altersstruktur führt zu entsprechenden Bedarfsverschiebungen im Konsumverhalten.

Alle genannten Megatrends haben zum Teil gravierende Auswirkungen auf das Kaufverhalten und erzeugen vielfältige Marktchancen. Neue oder erweiterte Zielgruppen (Senioren, Frauen im Beruf, Single-Haushalte) haben bei vielen Produkten abweichende Bedürfnisse, die vor allem das Marketing berücksichtigen muss. An dieser Stelle wird sehr deutlich, dass sich bei den sozio-kulturellen Einflüssen (insb. Alterung) deutliche Überschneidungen zu den demografischen Einflüssen zeigen. Diese Überlappung ist aber kein Einzelfall, denn alle Komponenten der Makro-Umwelt sind untereinander vernetzt und können sich gegenseitig beeinflussen (vgl. Runia et al. 2011, S. 59).

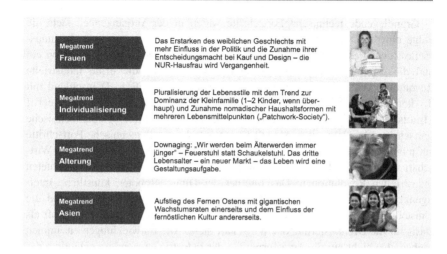

Abb. 2.2 Vier Megatrends im sozio-kulturellen Umfeld. (Quelle: www.zukunftsinstitut.de)

2.1.4 Technologische Einflüsse

Die technologische Entwicklung ist sicherlich der Einflussfaktor, der unser Umfeld am stärksten formt und gestaltet. Zu den technischen Innovationen, welche die Rahmenbedingungen für das Marketing-Management besonders prägen, zählen die neuen Kommunikationsmittel, die sich auf Inhalt und Umfang der Kundenbeziehungen auswirken. Im Mittelpunkt stehen dabei die enormen Potenziale, die das Internet den Unternehmen und ihren Kunden bietet. Aber auch neue Produktionsverfahren, die gravierende Änderungen im Leistungserstellungsprozess mit sich bringen, sowie vor allem Produkt- und Dienstleistungsinnovationen wirken sich auf den Einsatz des Management-Instrumentariums aus.

Ein Großteil der heute alltäglichen Produkte war vor wenigen Jahrzehnten noch gänzlich unbekannt: Flachbildschirme, Personal Computer, MP3-Player, Digitalkameras, Mobiltelefone und vieles andere mehr. Das Beispiel der Unterhaltungselektronik zeigt, wie innerhalb weniger Jahre die analoge Technologie vollends durch die digitale verdrängt wurde.

Während der Wachwechsel in der Unterhaltungselektronik damit abgeschlossen ist, steht gleichzeitig ein neuer Innovationsschub durch die **vierte industrielle Revolution** bevor:

Grundlegende technische Fortschritte waren in der Vergangenheit stets die Folge einer zentralen Erfindung. Die Dampfmaschine brachte die erste industrielle Revolution. Elektrizität und Fließband läuteten die zweite Revolution ein und die Automatisierung durch IT und Elektronik löste die dritte industrielle Revolution aus. Als Fortsetzung dieser Entwicklung wurde in Deutschland mit der kommenden Verzahnung von Industrie und Informationstechnik der Begriff „Industrie 4.0" als vierte industrielle Revolution eingeführt. Doch der technische Fortschritt geht viel weiter. Aktuell finden entscheidende technische Fortschritte auf mindestens vier zentralen Gebieten parallel statt, deren Kombination die Wirtschaft wahrscheinlich tiefer und schneller verändert als die bisher beobachteten industriellen Revolutionen: Das Internet der Dinge, Roboter, künstliche Intelligenz (KI) und 3-D-Druck. Im Hintergrund kommen noch Big Data und die Umstellung auf das Cloud-Computing hinzu, das als Infrastrukturtechnik oft als Basis für die Digitalisierung der Wirtschaft dient. Alle Entwicklungen zusammen treiben also nicht nur die Transformation der Industrie an, sondern eigentlich des gesamten Wirtschaftsprozesses (vgl. Kollmann und Schmidt 2016, S. 12).

Als *der* wesentliche Treiber für den Erhalt und Ausbau der Wettbewerbsfähigkeit Deutschlands wird aber **Industrie 4.0** angesehen. Darunter wird eine intelligente Vernetzung der Produktion mit modernster Informations- und Kommunikationstechnik verstanden, um daraus bessere Absatzchancen für höherwertige Produkte, Dienstleistungen bzw. deren Kombinationen zu erzielen. So ist es kein Wunder, dass in Industrie 4.0 einer der größten Wachstumstreiber unserer Volkswirtschaft gesehen wird. Im Durchschnitt über insgesamt sechs analysierte Branchen wird die Höhe des zusätzlichen Wachstumspotenzials auf 1,7 % p. a. geschätzt [Quelle: BITKOM-Pressemitteilung vom 16.03.2015].

Grundlage bildet die Organisation und Steuerung der gesamten Wertschöpfungskette über die gesamte Lebensphase eines Produktes. Dieser Zyklus orientiert sich an den zunehmend individualisierten Kundenwünschen und erstreckt sich von der Idee über die Entwicklung, Fertigung, Auslieferung, Nutzung und Wartung bis hin zum Recycling einschließlich der damit verbundenen Dienstleistungen. Basis ist die Verfügbarkeit aller relevanten Informationen in Echtzeit durch Vernetzung aller an der Wertschöpfung beteiligten Instanzen sowie die Fähigkeit aus den Daten den zu jedem Zeitpunkt optimalen Wertschöpfungsfluss abzuleiten. Durch die Verbindung von Menschen, Objekten und Systemen entstehen dynamische, echtzeitoptimierte und selbst organisierende, unternehmensübergreifende Wertschöpfungsnetzwerke, die sich nach unterschiedlichen Kriterien wie bspw. Kosten, Verfügbarkeit und Ressourcenverbrauch optimieren lassen.

Der noch junge Begriff der Industrie 4.0 hat inzwischen eine ganze Begriffs-welt um sich versammelt, die vom Internet der Dinge (IoT) über Big Data bis zu cyber-physischen Systemen reicht. Ohne weitere Strukturierung lässt sich somit alles und im Endeffekt doch nichts unter diesem Sammelbegriff sub-sumieren, da er keine Abgrenzung einzelner Aktivitäten mehr erlaubt. Abb. 2.3 soll ein wenig zur Aufhellung der komplizierten Begriffswelt rund um Industrie 4.0 beitragen.

2.1.5 Ökologische Einflüsse

In Verbindung mit den Umbrüchen bei **Energie und Ressourcen** sowie **Klima-wandel und Umweltbelastung** haben in diesem Einflussbereich folgende Trends eine besondere Bedeutung für jede Unternehmensführung:

Das Element der **Smart Factory** schafft die Transparenz und Anbindung der betrieblichen Objekte, die dann auf logischer Ebene durch **Smart Operations** aufgabenspezifisch vernetzt, überwacht und gesteuert werden. Zusammen ergeben sie ein cyber-physisches Gesamtsystem, das durch **Smart Data** verzahnt ist. Smart Data sind u. a. aggregierte Informationseinheiten des Shopfloors, die zielgerichtet zwischen Objekten und betrieblichen Anwendungssystemen ausgetauscht werden, um die zunehmende Datenflut (Big Data) auf relevante Ereignis-ströme zu begrenzen. Zur Smart Factory zählen hierbei neben Identifikations- und Kommunikationstechnologien Elemente der Datenverarbeitung sowie Sensor- als auch Aktorsysteme. Die Smart Factory erlaubt die Erstellung intelligenterer Produkte für

Geschäfts- und Endkunden, die sich ihres auch ihrer Umwelt bewusst sind (**Smart Products**). In der Smart Factory bilden sie einen Teil der Infrastruktur und steuern sich teil-weise bereits selbst entlang der notwendigen Fertigungsschritte. Zur Kunden-seite hin ermöglicht ihre Konnektivität neue Dienstleistungs- und Geschäftsmodelle (**Smart Services**). Diese können wiederum auf Geschäftsebene die Smart Operations unterstützen und erweitern. Auch hier sind intelligente Daten das maßgebliche Austauschmedium. Umgeben sind alle Digitalisierungsbausteine von innovativen und grundlegend integrierten Authentifizierungs- und Sicherheitsmechanismen, die Manipulations- und Daten-sicherheit auf allen Ebenen gewährleisten (Security).

Abb. 2.3 Die Begriffswelt rund um Industrie 4.0. (Quelle:Forschungsinstitut für Rationa-lisierung [FIR] der RWTH Aachen)

- Wachsender Energie- und Ressourcenverbrauch
- Verknappung der natürlichen Ressourcen in Verbindung mit steigenden Energiekosten
- Einsatz erneuerbarer Energien
- Neue Antriebstechnologien im Automobilbereich
- Zunehmende Umweltverschmutzung in Verbindung mit steigenden CO_2-Emissionen und Temperaturen
- Engpässe in der Ernährungsversorgung in Ländern der Dritten Welt
- Umweltpolitische Interventionen staatlicher Institutionen
- Strategien zur Minderung und Anpassung an den Klimawandel.

Besondere Relevanz kommt der **Entwicklung alternativer Energiequellen** wie Wind- und Solarenergie bzw. der Schaffung erneuerbarer Energiequellen zu (siehe Abb. 2.4).

Die Sicherstellung einer zuverlässigen, wirtschaftlichen und **umweltverträglichen Energieversorgung** ist eine der großen Herausforderungen des 21.

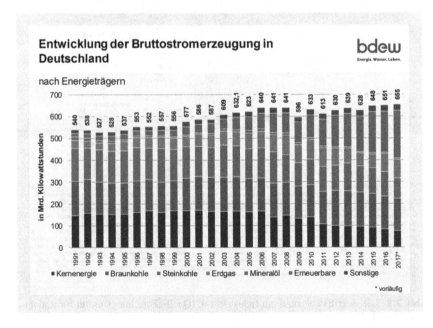

Abb. 2.4 Bruttostromerzeugung nach Energieträgern. (Quelle: BDEW, Stand: 02/2018)

Jahrhunderts. Dabei werden nach der beschleunigten Energiewende in Deutschland (Ausstieg aus der Kernenergie) die erneuerbaren Energien eine herausragende Rolle spielen.

Die Schaffung energieeffizienter Technologien in Verbindung mit **Antriebstechniken,** die sich hinsichtlich Energieart oder konstruktiver Lösung von den auf dem Markt verbreiteten Antriebstechniken unterscheiden, gehört ebenfalls zu den wichtigen Aufgabenfeldern industrieller Forschungsabteilungen. So arbeitet die Automobilindustrie intensiv an neuen Antriebstechnologien und energiesparenden Kompaktwagen.

Auch die Entsorgung chemischer und nuklearer Abfälle und die **Verschmutzung der Umwelt** durch biologisch nicht abbaubare Materialien stellt die Industrie vor erhebliche Herausforderungen. Die Einhaltung von Umweltrichtlinien stellt zwar zunächst eine Belastung dar, sie bietet aber auch die Chance, neue Absatzpotenziale zu erschließen.

2.1.6 Politisch-rechtliche Einflüsse

Die neue politische Weltordnung ist gekennzeichnet durch den Aufstieg Chinas und Indiens zu wirtschaftlichen Weltmächten und durch eine Krise der westlichen Demokratien. Die Rede ist bereits von Globalisierung 2.0 mit einer Verlagerung der ökonomischen Machtzentren, einer volatilen Ökonomie und einer entfesselten Finanzwelt mit globalisierten Kapitalströmen. Damit ist zugleich auch die globale Risikogesellschaft angesprochen, die durch asymmetrische Konflikte, Zunahme von Naturkatastrophen und global organisierte Verbrechen und Cyberkriminalität gekennzeichnet ist. Mit einer wachsenden Störanfälligkeit technischer und sozialer Infrastrukturen geht auch der Ruf nach zunehmender Kontrolle einher.

In Deutschland existiert eine Vielzahl von Gesetzen, die das Wettbewerbsverhalten, die Produktstandards, den Urheber- und Markenschutz aber auch den Verbraucherschutz regeln und damit von erheblicher Bedeutung für die Unternehmen sind. Die Liberalisierung des europäischen Strommarkts und die Deregulierung des Telekommunikationsmarktes sind Beispiele für politisch-rechtliche Einflüsse, die dem Marketing-Management vieler Unternehmen neue Chancen und Perspektiven eröffnet haben. Aber auch kommunalpolitische Rahmenbedingungen und die spezifische(n) Standortsituation(en) des Unternehmens, die durch die (jeweilige) regionale Infrastruktur bestimmt wird (werden), zählen zu den politisch-rechtlichen Einflussfaktoren.

Alle genannten Megatrends haben zum Teil gravierende Auswirkungen auf das Kaufverhalten und erzeugen vielfältige Marktchancen. Neue oder erweiterte

Zielgruppen (Senioren, Frauen im Beruf, Single-Haushalte) haben bei vielen Produkten abweichende Bedürfnisse, die das Marketing berücksichtigen muss. An dieser Stelle wird sehr deutlich, dass sich bei den sozio-kulturellen Einflüssen (insb. Alterung) deutliche Überschneidungen zu den demografischen Einflüssen zeigen. Diese Überlappung ist aber kein Einzelfall, denn alle Komponenten der Makro-Umwelt sind untereinander vernetzt und können sich gegenseitig beeinflussen (vgl. Runia et al. 2011, S. 59).

2.2   Unternehmensinterne Einflussfaktoren – Mikro-Umfeld

Die unternehmensinternen Einflüsse, also das Mikro-Umfeld, lassen sich in Rahmenbedingungen, die das eigene *Unternehmen* für seine Teilbereiche setzt, sowie in Einflüsse des Wettbewerbs, der Absatzmittler, der Lieferanten, der Kunden und Teilbereiche der Öffentlichkeit unterteilen.

Unternehmen Die Auswirkungen der übergeordneten *Unternehmensstrategie* in Verbindung mit evtl. geplanten Unternehmenszusammenschlüssen oder Veränderungen im Produktportfolio sind für das Marketing ebenso von Bedeutung wie die Frage nach der *Unternehmensvision,* also der langfristigen Vorstellung von der Unternehmensentwicklung. Auch die Ausgestaltung der *Unternehmensorganisation* (Führungsstrukturen, Aufbau-, Ablauf- und Prozessverantwortlichkeiten) bestimmt die Agenda des Top-Managements. Zu den wichtigen Fragen, die im Wesentlichen das Marketing betreffen, gehören:

- Sind die Teilbereichsstrategien an die Unternehmensstrategie gekoppelt?
- Wie sieht die Ressourcenausstattung finanziell und personell gegenüber Wettbewerbern aus (Benchmark-Zahlen)?
- Welche Marketingaufgaben werden zentral, welche dezentral wahrgenommen?
- Welche Marketingprozesse sind definiert? Wie sind die Verantwortlichkeiten für diese Prozesse geregelt? Welche Prozesse sind extern ausgelagert?
- Welche Instrumente stehen dem Marketingmanagement zur Verfügung? Wie sind diese hinsichtlich Akzeptanz und Aktualität zu beurteilen?

Kunden Es ist keine Frage, dass die Analyse der Kundenmärkte und der Kundenbeziehungen ganz oben auf der Agenda des Managements steht. Nachhaltiger Unternehmenserfolg ist nur über die Befriedigung der Kundenwünsche zu erzielen. Das setzt die wirksame Kommunikation des Kundennutzens und des Kundenvorteils voraus.

Wettbewerb Der Wettbewerbsvorteil ist eine zentrale Maxime des Marketings. Um einen Wettbewerbsvorteil zu erzielen, muss das eigene Angebot im Markt so positioniert werden, dass es sich von dem des Wettbewerbs differenziert. Eine Analyse des Konkurrenzangebotes ist daher eine wichtige Voraussetzung, um eine erfolgreiche Wettbewerbsstrategie zu entwickeln und durchzusetzen.

Lieferanten Lieferanten sind ein wichtiges Bindeglied in der Wertschöpfungskette des Unternehmens. Qualität, Mengen und Termintreue sind wichtige Kriterien bei der Lieferantenauswahl und haben mittelbaren Einfluss auf die Absatzgestaltung. In vielen Bereichen (z. B. Automobilindustrie) hat sich die *Zulieferindustrie* zum kritischen Erfolgsfaktor entwickelt.

Absatzmittler Als Absatzmittler sind schwerpunktmäßig der *Handel* (B2C), *Vertriebspartner* (B2B), *Logistikunternehmen* aber auch *Finanzinstitutionen* wie Banken und Versicherungen zu verstehen. Sie übernehmen im Rahmen der betrieblichen Wertschöpfungskette Aufgaben der Produktverteilung und -vermittlung oder machen durch die Bereitstellung von Finanzmitteln Transaktionen erst möglich (vgl. Kotler et al. 2011, S. 219).

Öffentlichkeit Zum Mikro-Umfeld des Unternehmens gehören auch einzelne Gruppierungen der Öffentlichkeit, denen das Unternehmen gegenübersteht. Solche Gruppierungen werden als *Anspruchsgruppen* (engl. *Stakeholder*) bezeichnet und haben ein gezieltes Interesse oder einen Einfluss auf das Handeln des Unternehmens. Die wohl bedeutendste Anspruchsgruppe für das Management bilden die *Medien*.

2.3 Analysetools – Instrumente der Analyse

Nachdem die externen und internen Einflussfaktoren des Unternehmens analysiert sind, geht es nun darum, Verbesserungspotenziale zu identifizieren. Hierzu werden folgende Analyse-Tools vorgestellt, die sich durch Benutzerfreundlichkeit und einen recht hohen Anwendungsnutzen auf dem Gebiet der Situationsanalyse eines Unternehmens auszeichnen (zu den verschiedenen Tools, die in der Analysephase eingesetzt werden können, siehe ausführlich Lippold 2018, S. 388 ff.; Kerth et al. 2011):

- SWOT/TOWS-Analyse
- Ressourcenanalyse
- 7-S-Modell
- Five-Forces-Modell
- Analyse der Kompetenzposition
- Stakeholderanalyse
- Wertkettenanalyse
- Benchmarking.

2.3.1 SWOT/TOWS-Analyse

Eines der bekanntesten Hilfsmittel zur Systematisierung der Situationsanalyse eines Unternehmens (Wo stehen wir?) ist die **SWOT-Analyse.** Hier werden in einem ersten Schritt Stärken (engl. *Strengths*) und Schwächen (engl. *Weeknesses*), die in der Unternehmensanalyse identifiziert wurden, gegenübergestellt und eine **Stärken-Schwächen-Analyse** erstellt. Stärken machen ein Unternehmen wettbewerbsfähiger. Dazu zählen die besonderen Ressourcen, Fähigkeiten und Potenziale, die erforderlich sind, um strategische Ziele zu erreichen. Schwächen sind dagegen Beschränkungen, Fehler oder Defizite, die das Unternehmen vom Erreichen der strategischen Ziele abhalten. Dieser Teil der SWOT-Analyse, der sich aus einer kritischen Betrachtung des *Mikro*-Umfeldes ergibt, ist gegenwartsbezogen.

Der zweite Schritt der SWOT-Analyse bezieht sich auf das *Makro*-Umfeld des Unternehmens. Er ist in die Zukunft gerichtet und stellt die identifizierten Chancen und Möglichkeiten (engl. *Opportunities*) den Risiken bzw. Bedrohungen (engl. *Threats*) gegenüber **(Chancen-Risiken-Analyse).** Möglichkeiten bzw. Chancen sind alle vorteilhaften Situationen und Trends im Umfeld eines Unternehmens, die die Nachfrage nach bestimmten Produkten oder Leistungen unterstützen. Bedrohungen bzw. Risiken sind dagegen die ungünstigen Situationen und Trends, die sich negativ auf die weitere Entwicklung des Unternehmens auswirken können. Das Ergebnis dieser beiden Analysen ist ein möglichst vollständiges und objektives Bild der Ausgangssituation (Wo stehen wir?).

Die SWOT-Analyse ist eines der ältesten Tools für die Strategieentwicklung. Sie stellt eine gute Übersicht und Zusammenfassung der Ausgangssituation sicher. Das SWOT-Tool bietet allerdings keine konkreten Antworten, sondern stellt lediglich Informationen zusammen, um darauf aufbauend Strategien zu entwickeln. Darüber hinaus sind positive Nebeneffekte bei der Durchführung der SWOT-Analyse – wie Kommunikation und Zusammenarbeit – mindestens ebenso wichtig wie die erzielten Ergebnisse (vgl. Andler 2008, S. 178).

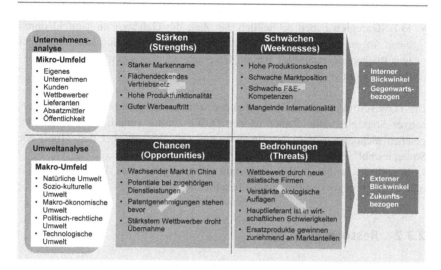

Abb. 2.5   Das Grundmodell der SWOT-Analyse

Abb. 2.5 zeigt das Grundmodell der SWOT-Analyse mit fiktiven Stärken, Schwächen, Chancen und Risiken.

Während die SWOT-Analyse rein deskriptiver Natur ist, wird mit der **TOWS-Analyse** die Entwicklung strategischer Stoßrichtungen angestrebt. Die TOWS-Analyse kann somit als Weiterentwicklung der SWOT-Analyse angesehen werden. Sie zeigt, wie die unternehmensinternen Stärken und Schwächen mit den externen Bedrohungen und Chancen kombiniert werden können, um daraus vier grundsätzliche Optionen zu entwickeln:

- **SO-Strategien** basieren auf den vorhandenen Stärken eines Unternehmens und zielen darauf ab, die Chancen, die sich im Unternehmensumfeld bieten, zu nutzen.
- **ST-Strategien** basieren ebenfalls auf den vorhandenen Stärken. Sie haben aber das Ziel, diese Stärken zu nutzen, um drohende Risiken abzuwenden oder doch mindestens zu minimieren.
- **WO-Strategien** sollen interne Schwächen beseitigen, um die bestehenden Chancen nutzen zu können. Auf diese Weise sollen die betreffenden Schwächen in Stärken transformiert werden, um dann mittelfristig eine SO-Position zu erlangen.

• **WT-Strategien** haben schließlich das Ziel, die Gefahren im Umfeld durch einen Abbau der Schwächen zu reduzieren. Die Kombination aus Schwächen und Risiken ist zweifellos für ein Unternehmen die gefährlichste Konstellation, die es zu vermeiden gilt.

Die TOWS-Struktur kann hilfreich bei der Strukturierung und Entwicklung alternativer Strategien sein. Daher ist der TOWS-Ansatz vom Einsatzbereich her gesehen nicht den „Tools der Situationsanalyse", sondern eher den „Tools zur Strategiewahl" zuzurechnen.

In Abb. 2.6 ist das TOWS-Diagramm wiedergegeben, das die vier Kombinationen und strategischen Richtungen beschreibt.

2.3.2 Ressourcenanalyse

Die Ressourcenanalyse ist quasi der „kleine Bruder" der SWOT-Analyse, denn im Mittelpunkt steht die Erstellung eines **Stärken-Schwächen-Profils,** das ja auch Teil der SWOT-Analyse ist. Im Gegensatz zur SWOT-Analyse befasst sich die Ressourcenanalyse aber ausschließlich mit den unternehmensspezifischen Stärken und Schwächen (und nicht mit den Chancen und Risiken), die denen der stärksten Wettbewerber gegenübergestellt werden. Dieses Wissen über die eigenen Fähigkeiten und Grenzen, ggf. differenziert nach Unternehmensbereichen oder nach Produktgruppen, legt Verbesserungspotenziale offen und kann gezielt zu Lösungsansätzen herangezogen werden (vgl. Kerth et al. 2011, S. 110 f.).

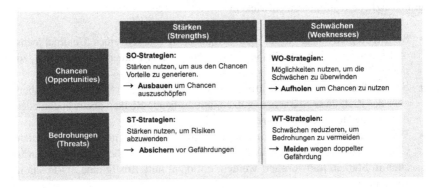

Abb. 2.6 TOWS-Diagramm. (Quelle:Eigene Darstellung)

▶ Die **Ressourcenanalyse** besteht im Kern aus einem Profilvergleich, bei dem ausgewählte Erfolgsfaktoren (Fähigkeiten und Ressourcen) des eigenen Unternehmens in Relation zu den wichtigsten Wettbewerbern bewertet werden. Durch die Einschätzung der erhobenen Merkmale durch den Befragten entsteht ein Stärken-Schwächen-Profil, das die Potenziale und den Verbesserungsbedarf des Unternehmens abbildet.

Diese Analyse ist nicht nur für den Marketing-Bereich relevant. Auch für den Personalbereich, die Organisation oder für die Produktion kann die Analyse wichtige Hinweise geben. Eine Ressourcenanalyse kann sowohl von den eigenen Mitarbeitern verschiedener Verantwortungsbereiche als auch von Außenstehenden (Kunden, Berater) durchgeführt werden.

In Abb. 2.7 ist ein fiktives Stärken-Schwächen-Profil abgebildet, wobei die Kriterienbereiche *Unternehmen* (allgemein), *Markt/Marketing, Produktion, Vertrieb, Finanzen* sowie *Management* und *Personal* des eigenen Unternehmens mit den zwei stärksten Wettbewerbern verglichen werden. Wichtig dabei ist, dass die einzelnen Kriterien von den Befragten in gleicher Weise interpretiert werden.

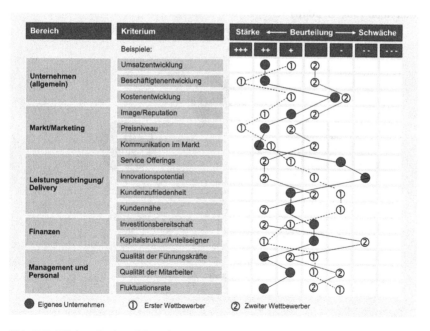

Abb. 2.7 Fiktives Stärken-Schwächen-Profil

2.3.3   7-S-Modell

Das vom Beratungsunternehmen McKINSEY entwickelte 7-S-Modell (*„Seven-S-Framework"*) liefert eine Übersicht über die Zusammenhänge und Abhängigkeiten von sieben Faktoren, die den Unternehmenskontext beschreiben. Die drei *harten* Faktoren **Strategy, Structure** und **Systems** bilden das Erfolgskonzept, das ein Unternehmen von anderen unterscheidet. Diese Erfolgsfaktoren sind in der Regel greifbar und in Form von Strategiepapieren, Plänen, Dokumentationen, Organigrammen etc. konkret (quasi als „Hardware") dargelegt. Hinzu kommen vier *weiche* Faktoren **Style, Skills, Staff** und **Shared Values** (quasi als „Software"), die man bislang als nicht beeinflussbare, irrationale, intuitive oder informelle Elemente der Organisation abgetan hatte. Dennoch haben diese Faktoren mindestens genau so viel mit dem Erfolg (oder Misserfolg) des Unternehmens zu tun wie die formalen Strukturen und Strategien, denn sie verkörpern das interne Führungskonzept. Sie unterstützen die harten Erfolgsfaktoren, sind aber materiell weniger greifbar und schwieriger zu beschreiben. Alle Faktoren sind miteinander vernetzt, wobei effektiv arbeitende Unternehmen eine ausgeglichene Balance zwischen diesen sieben Elementen aufweisen (vgl. Peters und Waterman 1984, S. 30 ff.).

Abb. 2.8 veranschaulicht die sieben Faktoren des 7-S-Modells grafisch.

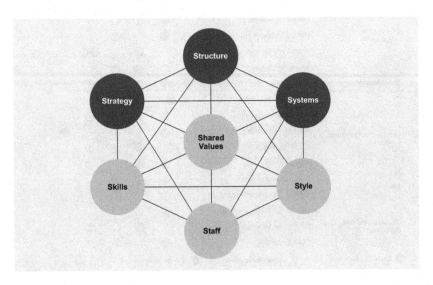

Abb. 2.8 Faktoren des 7-S-Modells. (Quelle: Eigene Darstellung)

Zum besseren Verständnis sollen die 7 S einzeln erläutert werden (vgl. Kerth et al. 2011, S. 65):

- **Strategie** (engl. *Strategy*) beschreibt die Ziele und Handlungsweisen zur Sicherung des langfristigen Unternehmenserfolgs.
- **Struktur** (engl. *Structure*) umfasst die vorliegende Aufbauorganisation und Koordination aller sachlich-hierarchischen Zusammenhänge des Unternehmens.
- **Prozesse** (engl. *Systems*) sind die primären und unterstützenden Prozesse zur Umsetzung der Strategien in den gegebenen Strukturen (IT-Steuerungssysteme, Abwicklungsprozesse, Controlling, Routinen etc.).
- **Führungsstil** (engl. *Style*) umfasst die Maßstäbe, nach denen das Management Prioritäten setzt und arbeitet. Dazu zählen die Verhaltensweisen der Führungskräfte ebenso wie die Kultur des Unternehmens.
- **Mitarbeiter** (engl. *Staff*) sind die Menschen im Unternehmen mit ihren individuellen Fähigkeiten und Fertigkeiten.
- **Spezialkenntnisse** (engl. *Skills*) sind die besonderen Fähigkeiten des Unternehmens selbst, unabhängig von den Einzelpersonen, also das, was das Unternehmen am besten kann – seine Kernkompetenzen.
- **Selbstverständnis** (engl. *Shared Values*) bezieht sich auf die Kernüberzeugungen und grundlegenden Ideen sowie die gemeinsamen Werte der Organisation und beinhaltet damit den Existenzgrund und die Vision des Unternehmens.

Nachdem die Inhalte der harten und weichen Faktoren analysiert worden sind, müssen in einem zweiten Schritt die Beziehungen und Abhängigkeiten zwischen den Faktoren ermittelt werden. Hierzu ist es hilfreich, die Faktoren in Form einer Matrix abzubilden und die Beziehungen und Konflikte in jeder Kombination zu benennen. Die Beziehungsmatrix soll Aufschluss darüber geben, inwieweit die vorhandenen Fähigkeiten und Werte zur tatsächlich angestrebten Strategie passen (vgl. Kerth et al. 2011, S. 67).

2.3.4 Five-Forces-Modell

Ein weiterer Ansatz zur Systematisierung der Situationsanalyse ist das Five-Forces-Modell von MICHAEL E. PORTER. Dieses Konzept der **Branchenstrukturanalyse** stellt folgende **fünf Wettbewerbskräfte** (engl. *Five Forces*) als zentrale

Einflussgrößen auf die Rentabilität einer Branche in den Mittelpunkt der Analyse (vgl. Porter 1995, S. 25 ff.):

- Verhandlungsmacht der Kunden
- Verhandlungsmacht der Lieferanten
- Rivalität der Wettbewerber untereinander
- Bedrohung durch künftige Anbieter
- Bedrohung durch Substitutionsprodukte.

Die **Verhandlungsstärke der Abnehmer** wirkt sich direkt auf die Rentabilität einer Branche aus. Dies gilt vor allem dann, wenn die Konzentration auf dem Absatzmarkt besonders hoch ist und die Produkte nur wenig differenziert und damit leicht austauschbar sind. Ein Beispiel dafür ist der Preisdruck von großen Handelsunternehmen/Handelsketten, den diese aufgrund ihrer starken Verhandlungsposition auf Konsumgüterhersteller ausüben.

Je stärker die **Verhandlungsmacht der Lieferanten** auf einem Markt ausfällt, desto geringer ist der Gewinnspielraum auf der Abnehmerseite. Eine starke Verhandlungsmacht ist immer dann zu erwarten, wenn eine relativ geringe Anzahl von Lieferanten in einem bestimmten Marktsegment einer großen Anzahl von Abnehmern gegenübersteht. Ein Beispiel hierfür ist der Verhandlungsdruck der Anbieter klassischer Markenartikel auf den Facheinzelhandel, für den die betreffenden Inputgüter von hoher Bedeutung sind und eine Substitution durch Ersatzprodukte nur bedingt möglich ist.

Die **Rivalität der Wettbewerber** untereinander wird vor allem beeinflusst durch die Anzahl der Marktteilnehmer, durch die Marktgröße und durch die Stellung der Branche im Lebenszyklus. So ist eine hohe Wettbewerbsintensität vor allem dann zu erwarten, wenn die in der Branche vorhandenen Kapazitäten nicht ausgelastet sind, sich die Produkte bzw. Dienstleistungen nicht stark differenzieren, ein Anbieterwechsel ohne große Umstellungskosten vorgenommen werden kann und hohe Marktaustrittsbarrieren bestehen, die dazu führen, dass unrentable Kapazitäten im Markt verbleiben (vgl. Fink 2009, S. 178 f.).

Die **Bedrohung durch neue Anbieter** hat dann Einfluss auf die Rentabilität einer Branche, wenn potenzielle Anbieter auch tatsächlich in den Markt eintreten. Denn mit steigender Anzahl der Wettbewerber sinkt der durchschnittliche Anteil eines Anbieters am Branchenumsatz bzw. Branchengewinn. Für den Zugang neuer Anbieter spielen die Markteintrittsbarrieren eine wichtige Rolle. Diese sind umso höher, je stärker die Käuferloyalität, je ausgeprägter die Produktdifferenzierung, je schwieriger der Zugang zu bestehenden Distributionssystemen und je höher die Umstellungskosten auf der Abnehmerseite sind. Ein aktuelles

Beispiel für das Bedrohungspotenzial neuer Anbieter ist der zunehmende Drang der Hardwarehersteller in das IT-Beratungsgeschäft.

Die **Bedrohung durch Substitutionsprodukte** oder durch neue Technologien ist umso größer, je besser das Preis-/Leistungsverhältnis gegenüber den brancheneigenen Produkten ausfällt. Ähnlich wie bei den Markteintrittsbarrieren ist auch hier zu untersuchen, wie gut sich die Branche oder einzelne Unternehmen gegen Ersatzprodukte zur Wehr setzen können. Die Bedrohung der Handys durch Smartphones ist das derzeit wohl markanteste Beispiel für diese Wettbewerbskraft. Andere Beispiele sind Kunststoff vs. Glas, Kontaktlinsen vs. Brillen, digitale vs. analoge Technologien.

Abb. 2.9 stellt die fünf Triebkräfte des Branchenwettbewerbs im Zusammenhang dar.

Ist die entsprechende Einschätzung für alle fünf Triebkräfte durchgeführt, kann es im nächsten Schritt darum gehen, den Einfluss der fünf Marktkräfte besser zu kontrollieren und ggf. zu reduzieren. Dabei geht es im Einzelnen um Maßnahmen zur Minderung der Verhandlungsmacht der Abnehmer, zur Einschränkung der Verhandlungsmacht der Lieferanten, zur Eindämmung der Wettbewerbsrivalität, zur Minderung der Gefahr durch Neueinsteiger bzw. zur Vermeidung der Gefahr durch Substitute (vgl. Andler 2008, S. 191 f.).

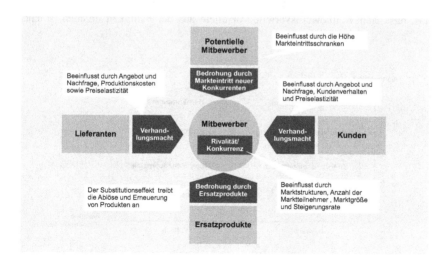

Abb. 2.9 Das Five-Forces-Modell von PORTER

PORTERS Branchenstrukturanalyse ist eine veritable Methode zur Einschätzung der Attraktivität und des Wettbewerbs in einer Branche. Sie ist ein sehr guter Startpunkt, um ein besseres Verständnis und einen Einblick in wichtige Trends und Triebkräfte einer Branche zu erhalten.

2.3.5   Analyse der Kompetenzposition

Will sich ein Unternehmen in einem neuen Geschäftsfeld engagieren, so muss es prüfen, ob die entsprechend erforderlichen Kompetenzen bereits im Unternehmen vollumfänglich vorhanden sind oder ob diese durch Akquisitionen, Fusionen oder Partnerschaften ergänzt werden müssen.

Zur Analyse der Kompetenzposition eines Unternehmens bietet sich die in Abb. 2.10 dargestellte Vier-Felder-Matrix an. Auf der Abszisse ist die **relative Kompetenzstärke** eines Unternehmens im Vergleich zu seinen relevanten Wettbewerbern in dem betrachteten Geschäftsfeld erfasst. Das damit angeführte Kriterium der **Kernkompetenz** (engl. *Core Competences*) besagt, dass die entsprechende Kompetenz nur schwer imitierbar und vor dem Zugriff durch Wettbewerber geschützt sein muss. HAMAL/PRAHALAD definieren Kernkompetenz als *„the collective learning in the organization, especially how to coordinate diverse production skills and integrate multiple streams of technology".* Sie führen weiter aus, dass sich Wettbewerbsvorteile vor allem aus der Fähigkeit ergeben, solche

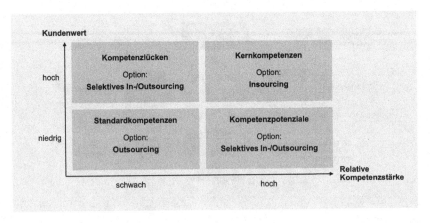

Abb. 2.10 Portfolio der Kompetenzen und Handlungsoptionen. (Quelle: Hinterhuber 1996, S. 130, 132)

Kombinationsprozesse schneller und preiswerter vornehmen und damit Kernkompetenzen besser als andere Unternehmen bündeln zu können (vgl. Hamal und
Prahalad 1990, S. 79 ff.).

Auf der Ordinate ist der **Kundenwert** einer Kompetenz abgetragen. Damit
wird dem Umstand Rechnung getragen, dass der Nutzen einer Kernkompetenz
von den Kunden durchaus unterschiedlich wahrgenommen wird. Als Grundlage
für die Bestimmung des Kundenwert es dienen Umwelt- und Unternehmens-
analysen, aus denen die externen Erfolgsfaktoren des Wettbewerbs in dem
betrachteten Geschäftsfeld hervorgehen (z. B. ein attraktiver Preis). Auf der
Grundlage der relativen Kompetenzstärke einerseits und des Kundenwertes der
betrachteten Kompetenzen anderseits lassen sich die vier in Abb. 2.9 dargestellten
Kompetenzkategorien ableiten (vgl. Fink 2009, S. 181 ff.; Hinterhuber 1996,
S. 130 f.):

- **Standardkompetenzen** sind Kompetenzen mit geringem Kundenwert und
  einer schwachen Kompetenzsituation. Sie besitzen aus Sicht des Mark-
  tes keine große Bedeutung und werden von den Wettbewerbern mindestens
  genauso gut wie das analysierte Unternehmen beherrscht. Gleichwohl dienen
  Standardkompetenzen zur Aufrechterhaltung des normalen Geschäftsbetriebes.
- **Kompetenzlücken** sind Kompetenzen, bei denen das analysierte Unternehmen eine vergleichsweise schwache Position besitzt, die jedoch eine hohe
  Bedeutung im Markt haben.
- **Kompetenzpotenziale** sind Kompetenzen, bei denen das Unternehmen
  leistungsfähiger als seine Wettbewerber eingestuft wird, denen der Markt
  jedoch (noch) eine geringere Bedeutung beimisst.
- **Kernkompetenzen** sind schließlich jene Kompetenzen, die das betrachtete
  Unternehmen besser beherrscht als seine Wettbewerber und die am Markt von
  großer Bedeutung sind.

Diese Systematik gibt nicht nur Anhaltspunkte darüber, ob ein Unternehmen
die erforderlichen Kompetenzen besitzt, um in einem bestimmten Geschäftsfeld erfolgreich zu konkurrieren, sondern es können auch Entscheidungen darüber abgeleitet werden, ob vorhandene Kompetenzen ausgelagert oder fehlende
Kompetenzen ergänzt werden sollen. So müssen bspw. Optionen untersucht werden, ob Kompetenzlücken aus eigener Kraft geschlossen werden können oder ob
hierzu Akquisitionen oder Partnerschaften erforderlich *(Insourcing)* sind. Ebenso
muss geprüft werden, ob vorhandene, aber nicht wettbewerbsrelevante Kompetenzen von außen bezogen werden können. Häufig können solche Standardkompetenzen zu attraktiven Kosten von spezialisierten Partnerunternehmen

eingekauft werden *(Outsourcing)*. Auf diese Weise lassen sich dann interne Kapazitäten für die wettbewerbsrelevanten Kernkompetenzen freisetzen (vgl. Fink 2009, S. 183 f.).

2.3.6 Stakeholderanalyse

▶ **Stakeholder** sind Personen oder Personengruppen, die Interessen oder Ansprüche gegenüber einem Unternehmen haben (z. B. Aktionäre [Shareholder], staatliche Stellen, Arbeitnehmer, Gewerkschaften, Verbände, Kunden, Lieferanten). Solche **Anspruchsgruppen** können Einfluss auf Entscheidungen im Unternehmen nehmen und im Gegenzug Ressourcen zur Zielerreichung und Strategieverwirklichung bereitstellen.

Die **Stakeholderanalyse** zielt darauf ab, diese Interessengruppen zu identifizieren und deutlich zu machen, gegenüber welchen Stakeholdern das Unternehmen positioniert werden sollte und worauf das Management dabei achten muss. Das Instrument ermöglicht es, konsequent eine Außenperspektive einzunehmen und dadurch zu Beginn von Strategiefindungsprozessen einer gewissen Betriebsblindheit vorzubeugen. Besonders bei sensiblen Projekten (z. B. Integrations- oder Veränderungsprojekte) wird die Stakeholderanalyse eingesetzt, um die beteiligten und betroffenen Gruppen angemessen einzubeziehen (vgl. Kerth et al. 2011, S. 148 f.).

Um zu bestimmen, welche Stakeholder von besonderer Bedeutung für ein Unternehmen sind, ist auf deren Ansprüche und Beiträge abzustellen. Dabei bietet sich eine Einteilung in interne und externe Anspruchsgruppen an.

Abb. 2.11 zeigt eine allgemeine Übersicht, die als Grundlage für eine unternehmensspezifische Stakeholderanalyse herangezogen werden kann.

2.3.7 Wertkettenanalyse

▶ Die **Wertschöpfungskette** (Wertkette) eines Unternehmens umfasst die Wertschöpfungsaktivitäten in der Reihenfolge ihrer operativen Durchführung. Diese Tätigkeiten schaffen Werte, verbrauchen Ressourcen und sind in Prozessen miteinander verbunden.

Die in Abb. 2.12 gezeigte Darstellung der Wertschöpfungskette geht auf Porter (1986) zurück und unterscheidet *Primäraktivitäten* und *Sekundäraktivitäten*.

Stakeholder		Beitrag für das Unternehmen	Anspruch an das Unternehmen	Sorge/Risiko gegenüber dem Unternehmen
Interne Anspruchs- gruppen	Eigenkapitalgeber (Shareholder)	Eigenkapital	Einkommen, Gewinn	Wertverlust
	Management	Kompetenz, Leistung, Engagement	Gehalt, Tantieme	Arbeitsplatzverlust
	Mitarbeiter	Arbeitskraft	Soziale Sicherheit	Arbeitsplatzverlust
	Fremdkapitalgeber	Fremdkapital	Zinsen	Schuldnerausfall
Externe Anspruchs- gruppen	Lieferanten	Termingerechte Lieferung, gute Qualität	Einkommen, Gewinn	Forderungsausfall
	Kunden	Kauf, Markentreue, Referenz	Gute Produkte, günstiges Preis-Leistungsverhältnis	Überteuerter Preis, schlechte Qualität
	Staat, Politik	Infrastruktur, Rechtssicherheit	Steuern, Sozialleistungen sichere Arbeitsplätze	Regelverstöße
	Gesellschaft	Akzeptanz, Image	Unterstützung (Stichwort: CSR)	Abwälzung Kosten

Abb. 2.11 Beiträge und Ansprüche der Stakeholder. (Quelle: in Anlehnung an Ulrich und Fluri 1995, S. 79)

Abb. 2.12 Wertschöpfungskette für Industriebetriebe nach PORTER

- **Primäraktivitäten** *(Kernprozesse)* sind Eingangslogistik, Produktion, Ausgangslogistik, Marketing und Vertrieb sowie Kundendienst.
- **Sekundäraktivitäten** *(Unterstützungsprozesse)* stellen Beschaffung, Forschung und Entwicklung (F&E), Personalmanagement und Infrastruktur dar.

Aus der Kostenstruktur und aus dem Differenzierungspotenzial aller Wertaktivitäten lassen sich bestehende und potenzielle Wettbewerbsvorteile eines Unternehmens ermitteln. Durch die „Zerlegung" eines Unternehmens in seine einzelnen Wertschöpfungsaktivitäten kann jede dieser Aktivitäten auf ihren aktuellen und ihren potenziellen Beitrag zur Wettbewerbsfähigkeit des Unternehmens hin durchleuchtet werden (vgl. Porter 1986, S. 19).

Bei der Wertketten*analyse* geht es nun um eine Systematisierung der Ausgangssituation von Unternehmen mit dem Ziel, **Prozessoptimierungen** vorzunehmen. Sie untersucht alle kosten- und gewinntreibenden Prozesse und Teilprozesse und gibt Antwort auf die Frage: Wo entstehen welche Kosten und welcher Mehrwert wird dabei geschaffen? Die Wertkettenanalyse basiert auf der Annahme, dass jedes vorherige Glied (Aktivität) in der Wertkette einen Mehrwert bzw. eine Wertschöpfung für das nachfolgende Glied bietet. Wertschöpfung bezeichnet den Prozess des Schaffens von Mehrwert, der wiederum die Differenz zwischen dem Wert der Abgabeleistungen und der übernommenen Vorleistungen darstellt (vgl. Müller-Stewens und Lechner 2001, S. 287).

Das Konzept der Wertkette (engl. *Value chain*) entspricht im Kern der traditionellen betrieblichen Funktionskette *Beschaffung – Produktion – Absatz*. Neu am Wertketten-Konzept ist jedoch der Grundgedanke, „... *den Leistungsprozess zum Gegenstand strategischer Überlegungen zu machen und die Prozesse der Wertkette als Quellen für Kosten- oder Differenzierungsvorteile gegenüber Wettbewerbern zu betrachten*" (Bea und Haas 2005, S. 113).

Entscheidend für das Unternehmen ist daher die Frage, ob die vorhandenen Ressourcen zielorientiert eingesetzt werden. Dies gilt einmal nach innen, d. h. hinsichtlich der Optimierung ihres Beitrags zur Wertschöpfung des Unternehmens und andererseits nach außen, d. h. in Bezug auf die Entwicklung und den Erhalt von relativen Wettbewerbsvorteilen und den damit verbundenen Nutzenpotenzialen. Die Idee der strategischen Kostenanalyse auf Wertkettenbasis gründet demzufolge auf der Tatsache, dass die einzelnen Wertaktivitäten einerseits Abnehmernutzen schaffen und andererseits Kosten verursachen. Als strategische Richtung von Wertschöpfungsmodellen kommen daher grundsätzlich Kostenminimierung oder Nutzen- bzw. Erlösmaximierung infrage. Wird **Kostenminimierung** als Zielsetzung gewählt, werden im Rahmen der Wertkettenanalyse Rationalisierungspotenziale gesucht und als Konsequenz Prozesse bzw. Wertschöpfungsstufen eliminiert. Ist die Wertkettenanalyse wiederum eher **Nutzen-bzw. Erlöszielen** verpflichtet, so werden insbesondere jene Aktivitäten verfolgt, die sich möglicherweise positiv auf das Erlöswachstum auswirken.

In der Praxis wird die Abgrenzung der einzelnen Wertaktivitäten von Unternehmen zu Unternehmen und von Geschäftseinheit zu Geschäftseinheit variieren. Das liegt daran, dass sich die Bestimmung einer Wertkette häufig als sehr aufwendig erweist. Dennoch zahlt sich diese Arbeit aus, denn Wertketten geben Auskunft darüber, wo Wettbewerbsvorteile errungen werden können und weisen auch den Weg zu neuen Wettbewerbsvorteilen. Sie zeigen darüber hinaus auch

Ansatzpunkte für **Wertschöpfungspartnerschaften,** die im Einzelfall signifikante Umsatz- bzw. Kosteneinsparungspotenziale generieren können (siehe Abb. 2.13).

Ein interessantes Beispiel für eine alternative Wertkette in der Möbelbranche bietet IKEA. Die in Abb. 2.14 dargestellte Wertkettenanalyse zeigt sehr deutlich die Stärken von IKEA im Vergleich zu herkömmlichen Möbelanbietern, in dem einzelne Prozesse der Wertschöpfungskette auf den Kunden verlagert werden.

Sobald das Prozessmodell, die Prozessschritte und Sequenzen für die Wertketten bestimmt sind, müssen jeder Aktivität als Kettenglied die vollen Kosten und andere angebrachte Leistungsindikatoren zugefügt werden. Dabei sind (Aktivitäts-) Einzelkosten wie Löhne und Betriebsmittel den entsprechenden Aktivitäten direkt zuzurechnen. (Aktivitäts-) Gemeinkosten wie Gehälter im Support-Bereich oder Anlagen sind anteilig jenen Aktivitäten zuzuordnen, die sie verursachen. Allerdings ist bei dieser Kostenzuordnung, die sowohl in absoluten Zahlen als auch in Prozentangaben erfolgen kann, keine rechnerische Präzision erforderlich (vgl. Bea und Haas 2005, S. 325).

Die Grenze zwischen den primären Aktivitäten (Kernaktivitäten) und den sekundären Aktivitäten (Supportaktivitäten) ist fließend und hängt hauptsächlich von der Branche und den jeweiligen Unternehmen ab. Eine Aktivität, die wettbewerbsrelevant oder einfach nur überlebenswichtig ist, wird generell als Kernaktivität bezeichnet. Hier wird die Abschätzung des Beitrags einzelner Ressourcen bzw. Ressourcenkombinationen zur gesamten Wertschöpfung des

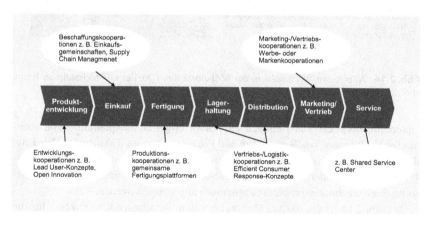

Abb. 2.13 Ansatzpunkte für Wertschöpfungspartnerschaften. (Quelle: in Anlehnung an Grant und Nippa 2006, S. 339)

	Einkauf/ Fertigung	Montage	Transport	Ausstel-lungsort	Lieferzeit	Anlieferung
Etablierter Möbel-anbieter	Kleine Lose → hohe Kosten	Lohnintensiv → hohe Kosten	Großvolumen → hohe Kosten	Zentrale Lage → hohe Kosten	Lang, kleines Lager → geringe Kosten	Fuhrpark, Schreiner → hohe Kosten
IKEA	Große Serien → geringere Kosten	Übernimmt Kunde → kaum Kosten	Kompakt-verpackungen → geringere Kosten	Randgebiet → geringere Kosten	Kurz, großes Lager → hohe Kosten	Übernimmt Kunde → kaum Kosten

Dramatische Verschiebungen der relativen Kosten-position ergeben sich meist dort, wo ein Unterneh-men mit einer **alternativen Wertkette** arbeitet, die sich stark von denen der Konkurrenten unterschei-det. Ein sehr gutes Beispiel dafür ist das Geschäfts-modell von IKEA.

IKEAs Wertschöpfung liegt im massenhaften Ver-kauf kostengünstig produzierter Waren. Als Kunden werden Menschen angesprochen, die „nicht so viel im Portemonnaie haben" (Firmengründer Kamprad). Doch das ist nur die halbe Wahrheit: Die ökonomi-sche Grundlage IKEAs liegt in gezielter **Kostenopti-mierung aller Prozesse** im Unternehmen.

Dabei werden nicht nur die Herstellprozesse bis hin zu den Lieferanten optimiert, sondern auch die Logistik und der Service. Das Unternehmen stellt enge Beziehungen zu seinen Kunden her, den es in seine Prozesse mit einbezieht. So entstand schon in IKEAs Anfangsjahren die innovative Idee, dass die Kunden Ihre Pakete selbst dem Lagerregal entneh-men und zuhause auch selbst montieren bzw. aufbauen. Auslöser war das Problem nicht aus-reichenden Servicepersonals für die übergroße Nachfrage nach IKEA-Produkten im ersten Möbel-haus Schwedens.

Darüber hinaus gelang es IKEA, Differenzierungsvor-teile mit einem einfachen (aber ansprechenden) Design in Verbindung mit traditionellen skandinavi-schen Werkstoffen und Materialien aufzubauen und gleichzeitig Größenvorteile in Entwicklung, Produk-tion, Logistik und Marketing auszuspielen.

IKEA ist damit ein Beispiel für ein Unternehmen mit einer Strategie, die aus vielen verschiedenen, aber konsistent zusammenpassenden Teilen besteht, die in der Gesamtheit von Mitbewerbern nur schwer nachzuahmen ist.

Abb. 2.14 Alternative Wertketten in der Möbelbranche. (Quelle: in Anlehnung an Runia et al. 2011, S. 13; Kern 2012)

Unternehmens noch relativ einfach sein. Schwieriger ist die qualitative und quan-titative Evaluierung von Ressourcen und Prozessen, die im Rahmen der Wertkette des Unternehmens unterstützende Aktivitäten darstellen und damit auf ver-schiedenen Stufen der Kette in unterschiedlichem Ausmaß wirken. Aber auch hier sollte das Zurechnungsproblem pragmatisch angegangen werden.

In Abb. 2.15 ist ein fiktives Beispiel aus dem verarbeitenden Gewerbe für die Zuordnung von Kosten zu einzelnen Teilprozessen in Form von Prozentangaben dargestellt.

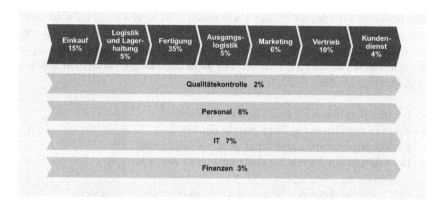

Abb. 2.15 Beispiel für die Kostenverteilung einer Wertschöpfungskette in der Industrie. (Quelle: in Anlehnung an Andler 2008, S. 173)

Aktivitäten verursachen nicht nur Kosten, sie stiften in aller Regel auch **Nutzen.** Dessen Erfassung ist ebenso wichtig wie die der Kosten, da nicht selten Aktivitäten zur Diskussion stehen, deren Beibehaltung oder Eliminierung in Abhängigkeit vom Kosten-Nutzen-Verhältnis getroffen wird. Dieses Vorgehen ist allerdings bei den Support-Aktivitäten nur mit gewissen Einschränkungen möglich. Hier sollte man insbesondere beachten, dass es trotz des allgemein herrschenden Fabels für Kosteneinsparungen im „Overhead" ein Niveau gibt, unter dem weitere Kostensenkungsmaßnahmen nur noch Nachteile und negative Auswirkungen auf den Kundennutzen hat (vgl. Andler 2008, S. 172).

Um den Beitrag von Ressourcen bzw. Wertaktivitäten im Rahmen des Wertschöpfungsprozesses und damit die Effizienz von einzelnen Prozessen richtig einschätzen zu können, müssen Vergleiche herangezogen werden. In diesem Zusammenhang bedient man sich u. a. des Instruments des *Benchmarking,* das Gegenstand des nächsten Abschnitts ist.

2.3.8 Benchmarking

Ein weiterer Ansatz zur Analyse der Situation eines Unternehmens ist das sog. Benchmarking. Diese Methode ist darauf gerichtet, durch systematische und kontinuierliche Vergleiche von Unternehmen oder Unternehmensteilen das jeweils beste als Referenz zur Produkt-, Leistungs- oder Prozessverbesserung herauszufinden. Die Benchmarking-Durchführung beruht auf der Orientierung an den besten Vergleichsgrößen und Richtwerten („Benchmark" = Maßstab) einer vergleichbaren Gruppe. Als Vergleichsgruppen können das eigene Unternehmen, der eigene Konzern, der Wettbewerb oder sonstige Unternehmen herangezogen werden. Daraus lassen sich folgende vier **Benchmarking-Grundtypen** ableiten (vgl. Fahrni et al. 2002, S. 23 ff.):

- Internes Benchmarking (engl. *Best in Company*)
- Konzern-Benchmarking (engl. *Best in Group*)
- Konkurrenz-Benchmarking (engl. *Best in Competition*)
- Branchenübergreifendes Benchmarking (engl. *Best Practice*).

In Abb. 2.16 sind diese vier Grundtypen im Zusammenhang dargestellt.

Die Benchmarking-Methode entstand in den 70er Jahren bei RANK XEROX angesichts des zunehmenden Konkurrenzdrucks durch japanische Kopiergeräte-hersteller. Heute zählt das Benchmarking zu den beliebtesten Methoden der Unternehmensanalyse, weil es hilft

- die eigenen Stärken und Schwächen besser einzuschätzen,
- Informationen zu erhalten, die das Unternehmen benötigt, um Produkte, Leistungen und prozesse zu optimieren,
- von den besten Unternehmen zu lernen,
- den kontinuierlichen Prozess der Verbesserung zum festen Bestandteil der Unternehmenskultur zu machen,
- neue Strategien zu entwickeln und die Wettbewerbsposition zu verbessern.

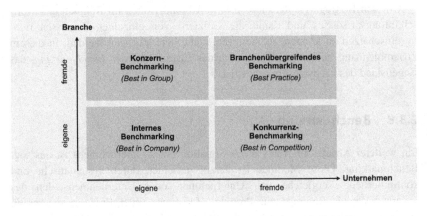

Abb. 2.16 Benchmarking-Grundtypen. (Quelle: Fahrni et al. 2002, S. 23 ff.)

Allerdings ist es häufig nicht ganz leicht, Benchmark-Daten in der gewünschten Form zu erhalten. Hier kann das Beratungsunternehmen mit seinem „natürlichen" Benchmark-Know-how (als Kernkompetenz) entsprechende Hilfestellung leisten.

Ziele – Wo wollen wir hin?

3

Nachdem die externen und internen Einflussfaktoren des Marketingmanagements analysiert und ggf. Verbesserungspotenziale identifiziert worden sind, ist der *konzeptionelle Kristallisationspunkt* (siehe Abb. 1.1) erreicht. Im nächsten Schritt müssen die Ziele erarbeitet bzw. definiert werden: Sie steuern die Aufmerksamkeit der Beteiligten im Unternehmen in eine einheitliche Richtung und helfen ihnen dabei, ihre Aktivitäten zu fokussieren und untereinander abzustimmen.

3.1 Zielsystem des Unternehmens

Alle funktionalen Ziele oder Bereichsziele müssen aus den obersten Unternehmenszielen abgeleitet werden. Daher ist die Kenntnis der Unternehmensziele unerlässlich für alle Bereiche Unternehmensziele haben zwar Gemeinsamkeiten mit Visionen (z. B. das Merkmal Zukunft), der Kern des Unternehmensziels ist aber seine Messbarkeit, die es erlaubt, geschäftliche Entwicklungen den tatsächlich erreichten Ergebnissen gegenüberzustellen.

▶ **Unternehmensziele** beeinflussen die langfristige Entwicklung eines Unternehmens und sind Ansporn im Sinne von Gewinn, Umsatz, Ertrag, Ausgaben, Kosten, Liquidität (vgl. Menzenbach 2012, S. 9 unter Bezugnahme auf Rückle 1994, S. 56 ff.).

Als typische Unternehmensziele werden immer wieder genannt:

- Gewinn/Rentabilität
- Marktanteil/Marktposition

© Springer Fachmedien Wiesbaden GmbH, ein Teil von Springer Nature 2019
D. Lippold, *Marktorientierte Unternehmensplanung,* essentials,
https://doi.org/10.1007/978-3-658-26091-0_3

- Umsatz/Wachstum
- Unabhängigkeit/Sicherheit
- Kundenzufriedenheit/Kundenbindung
- Soziale Verantwortung
- Prestige/Image.

Die Diskussionen darüber, welche Ziele im Rahmen dieses Zielkatalogs die höchste Priorität haben, führen in aller Regel zu dem Ergebnis, dass *Gewinn- bzw. Rentabilitätsziele* eine dominierende Bedeutung haben (vgl. Becker 2009, S. 16, 61).

Ziele erfüllen ihre Steuerungs- und Koordinationsfunktion umso besser, je klarer und exakter sie bestimmt werden. Daher müssen zweifelsfreie Angaben über

- Zielinhalt,
- Zielausmaß und
- Zeitspanne der Zielerfüllung

vorliegen. Ist der Zielbildungsprozess nicht von Beginn an auf messbare Größen ausgerichtet, verliert eine zielgesteuerte Führung von vornherein an Effizienz (vgl. Bidlingmaier 1973, S. 138).

Die Unternehmensziele sind – ebenso wie die später zu behandelnden Marketingziele – eingebettet in das **Zielsystem des Unternehmens.** Der Aufbau eines solchen Zielsystems lässt sich aus Gründen der Anschauung als Art Pyramide mit drei grundlegenden Betrachtungsebenen darstellen: die normative, die strategische und die taktisch/operative Ebene (vgl. Hungenberg und Wulf 2011, S. 26):

- Die **normative Ebene** legt Ziel und Zweck sowie die grundlegenden Werte des Unternehmens fest. In diesem normativen Kontext spiegeln sich das Selbstverständnis des Unternehmens mit seiner Vision, seiner Mission und den grundlegenden Unternehmenszielen wider. In dieser obersten Ebene geht es um die Legitimität der Existenz und des Verhaltens des Unternehmens gegenüber externen und internen Kräften.
- Die **strategische Ebene** soll die Voraussetzungen dafür schaffen, dass die (normativen) Ansprüche an die Entwicklung des Unternehmens langfristig erfüllt werden können. Zielsetzung der strategischen Ebene ist ökonomische, soziale und ökologische Effektivität. Wesentlicher Inhalt ist der Aufbau, die Pflege und die Weiterentwicklung von Erfolgspotenzialen. Hierzu werden Strategien formuliert, ausgewählt und durch Strukturen und Systemen umgesetzt.

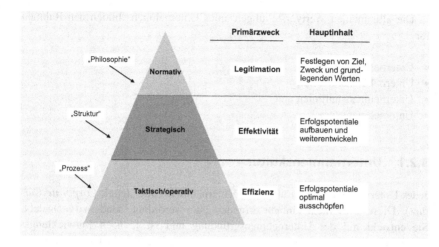

Abb. 3.1 Das unternehmerische Zielsystem. (Quelle: Eigene Darstellung)

- Die **taktische/operative Ebene** vollzieht sich innerhalb des Handlungs-
rahmens, der durch die strategische Ebene vorgegeben ist und zielt auf die
optimale Ausschöpfung der Erfolgspotenziale. Sie definiert und koordiniert
die laufenden Aktivitäten in den verschiedenen Funktions- und Markt-
bereichen und sorgt für die kurzfristige und effiziente Umsetzung der Strategien durch konkrete Maßnahmen im Rahmen des Tagesgeschäfts.

Um dauerhafte Erfolgspotenziale zu schaffen, ist eine konsequente Vernetzung
und Abstimmung dieser drei Ebenen erforderlich. Die drei Ebenen, die in
Abb. 3.1 dargestellt sind, wurden in dem **St. Galler Management-Modell**
wesentlich ausdifferenziert.

3.2   Allgemeine Wertvorstellungen

An der Spitze der Zielpyramide steht die *Unternehmensphilosophie* mit den
allgemeinen Wertvorstellungen (engl. *Basic Beliefs*), die im Sinne eines
„Grundgesetzes" Ausdruck dafür sind, dass Unternehmen neben ihrer einzel-
wirtschaftlichen Verantwortung auch eine gesamtwirtschaftliche Aufgabe
zukommt (vgl. Becker 2009, S. 29).

Die allgemeinen Wertvorstellungen eines Unternehmens bilden den Rahmen
für

- Unternehmenskultur,
- Unternehmensidentität,
- Unternehmensleitlinien und
- Unternehmenszweck.

3.2.1   Unternehmenskultur

Jedes Unternehmen verfügt über eine Unternehmenskultur (engl. *Corporate Culture*). Diese wird nicht einfach erfunden oder verordnet, sondern (vor)gelebt.
Sie entsteht mit der Unternehmensgründung und ist je nach Entwicklungs-
geschichte des Unternehmens mehr oder weniger ausdifferenziert. Häufig liegen die Ursprünge einer Unternehmenskultur beim Unternehmensgründer (z. B.
Thomas Watson bei IBM, STEVE JOBS bei APPLE, BILL GATES bei MICROSOFT, MAX
GRUNDIG, ROLAND BERGER), die mit ihren Visionen und Ideen, mit ihren Wertvorstellungen, Eigenarten und Neigungen als Vorbilder für nachfolgende Manager-
generationen dienen. Kulturprägend wirken aber auch Krisen und einschneidende
Veränderungen sowie die Art und Weise, wie diese gemeistert werden, neue
Geschäftsmodelle, die Branche und das (regionale) Umfeld eines Unternehmens,
die Art der Kunden, der Investoren etc. (vgl. Buß 2009, S. 176 ff.).

Die Unternehmenskultur besteht zunächst aus einem unsichtbaren Kern aus
grundlegenden, kollektiven Überzeugungen, die das Denken, Handeln und
Empfinden von Führungskräften und Mitarbeitern maßgeblich beeinflussen
und die insgesamt typisch für das Unternehmen sind (innere Haltung). Diese
grundlegenden Überzeugungen beeinflussen die Art, wie die **Werte** nach außen
gezeigt werden (äußere Haltung). Gleichzeitig sind sie maßgebend für die **Ver-
haltensregeln** („so wie man es bei uns macht"), die an neue Mitarbeiter und
Führungskräfte weitergegeben werden und die als Standards für gutes und rich-
tiges Verhalten gelten. Diese Regeln zeigen sich für alle sichtbar an **Artefakten**
wie Ritualen, Statussymbolen, Sprache, Kleidung etc. (vgl. Sackmann 2004,
S. 24 ff.).

Zur Veranschaulichung solcher Artefakte soll hier ein Beispiel für eine
besonders kundenorientierte Unternehmenskultur angeführt werden (vgl.
Homburg und Bucerius 2012, S. 76):

- **Erzählungen,** z. B. häufige Berichte über außergewöhnliche Vertriebserfolge (Gewinnung besonders spektakulärer Aufträge in beachtlicher Größenordnung oder Aufträge, die eigentlich schon als verloren galten),
- **Sprache,** z. B. der Sprachstil, in dem in Meetings und Besprechungen von Kunden gesprochen wird,
- **Rituale,** z. B. die regelmäßige Auszeichnung besonders kundenorientierter Mitarbeiter oder besonders erfolgreicher Vertriebsmitarbeiter,
- **Arrangements,** z. B. die kundenfreundliche Gestaltung von Gebäuden, Empfangs- und Meeting-Bereichen und Außenanlagen.

Kultur kann als Wettbewerbsfaktor und/oder als sozialer Verantwortungsträger fungieren. Es lässt sich vermuten, dass der Einfluss und die spezielle Bedeutung von Unternehmenskultur bei **wissensbasierten Firmen,** bei denen Wissen als Produkt oder als Dienstleistung eine zentrale Rolle spielt (wie bei Beratungsunternehmen), besonders groß ist. So kann eine starke Unternehmenskultur für **international** ausgerichtete Unternehmen einen bedeutenden Erfolgsfaktor darstellen. Hier sind das koordinierte Handeln und die Integrationskraft besonders wichtig für ein erfolgreiches Auftreten auf den internationalen Märkten.

Eine herausragende Rolle spielt die Unternehmenskultur auch bei **Unternehmenszusammenschlüssen** (engl. *Merger*). Hier ist die behutsame Integration verschiedener Unternehmenskulturen ein entscheidender, allerdings häufig unterschätzter Erfolgsfaktor. Nicht selten ist das Scheitern einer Unternehmenszusammenlegung darauf zurückzuführen, dass es offensichtlich nicht gelungen ist, verschiedene Unternehmenskulturen harmonisch miteinander zu verschmelzen. Diese Vermutung lässt sich jedenfalls aus der Analyse gescheiterter Mergers & Acquisitions (M&A)-Projekte ableiten. Vielfach sind es nicht ökonomische Defizite, sondern die mangelhafte Berücksichtigung weicher Faktoren, die zu Integrationsproblemen führen. Diese Problematik stellt sich aber nicht nur bei internationalen, sondern auch bei nationalen M&A-Projekten, da auch Unternehmen aus demselben Kulturkreis durchaus unterschiedliche „Binnenkulturen" aufweisen können (vgl. Macharzina und Wolf 2010, S. 731 f.).

3.2.2 Unternehmensidentität

Als Unternehmensidentität (engl. *Corporate Identity*) wird die strategisch geplante und operativ eingesetzte Selbstdarstellung und Verhaltensweise eines Unternehmens nach innen und außen auf der Basis einer festgelegten Unternehmensphilosophie und -zielsetzung bezeichnet. **Corporate Identity** (CI)

erzeugt einen Wiedererkennungswert und vereinfacht die Identifizierung mit der
Organisation. Sie drückt sich in vier Komponenten (vier Cs) aus:

- **Corporate Behavior** ist das (möglichst widerspruchsfreie) Mitarbeiterver-
  halten innerhalb der Organisation und gegenüber Externen.
- **Corporate Design** ist die einheitliche visuelle Darstellung des Unternehmens
  nach innen und außen, wobei alle Gestaltungskonstanten (Logo, stilistische
  Vorgaben) konsequent in allen Kommunikationsmedien angewendet werden.
  Das so erzielte einheitliche Erscheinungsbild soll dem Unternehmen eine
  unverwechselbare Persönlichkeit geben.
- **Corporate Communication** ist die integrierte, geplante und gezielte Kommu-
  nikation (organisations- und umweltbezogen), die alle Kommunikationsmittel
  und -wege eines Unternehmens umfasst. Sie betrifft insbesondere auch die
  Kommunikation der Vision, Mission und Werte des Unternehmens.
- **Corporate Governance** ist die Vorgabe von Richtlinien zur Überwachung und
  Leitung des Unternehmens. Die Richtlinien beziehen sich insbesondere auf
  die effiziente Führung der Organisation, auf das Risikomanagement und auf
  Entscheidungen für eine langfristige Wertschöpfung unter Wahrung der Stake-
  holder-Interessen.

Betrachtet man Corporate Culture als *Fundament* der Unternehmensphilosophie,
dann bilden die vier CI-Komponenten quasi den *Aufbau* und werden unter dem
Dach der Corporate Identity zusammengefasst.

Abb. 3.2 veranschaulicht diese Sichtweise und liefert eine kurze Darstellung
und Beschreibung der Ziele der vier CI-Komponenten.

3.2.3 Unternehmensleitlinien

Unternehmenskultur und Unternehmensidentität finden ihren Niederschlag in
den Unternehmensleitlinien. Derartige Leitbilder steuern die nachgeordneten
Zielsetzungen und Strategien und schaffen Orientierungshilfen für das Verhalten
der Mitarbeiter gegenüber den *Anspruchsgruppen* (engl. *Stakeholder*) des Unternehmens (Kunden, Lieferanten, Wettbewerber, Öffentlichkeit). Leitbilder werden
daher auch als *Verhaltensrichtlinien* (engl. *Policy*) bezeichnet (vgl. Bea und Haas
2005, S. 69 f.).

Viele Unternehmen fassen ihre Leitlinien in Broschüren, Handbüchern oder
Websites zusammen. Bekannte Beispiele hierfür sind

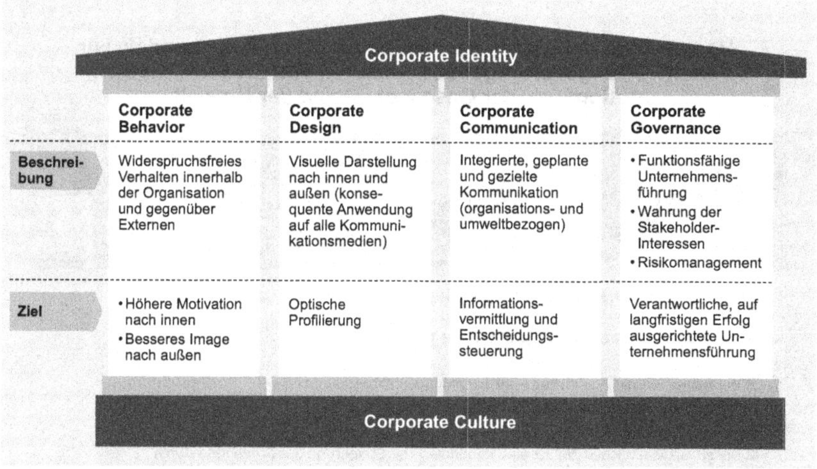

	Corporate Identity			
	Corporate Behavior	**Corporate Design**	**Corporate Communication**	**Corporate Governance**
Beschrei- bung	Widerspruchsfreies Verhalten innerhalb der Organisation und gegenüber Externen	Visuelle Darstellung nach innen und außen (konse- quente Anwendung auf alle Kommuni- kationsmedien)	Integrierte, geplante und gezielte Kommunikation (organisations- und umweltbezogen)	• Funktionsfähige Unternehmens- führung • Wahrung der Stakeholder- Interessen • Risikomanagement
Ziel	• Höhere Motivation nach innen • Besseres Image nach außen	Optische Profilierung	Informations- vermittlung und Entscheidungs- steuerung	Verantwortliche, auf langfristigen Erfolg ausgerichtete Un- ternehmensführung
	Corporate Culture			

Abb. 3.2 Die CI-Komponenten

- der internationale Verhaltenskodex der KPMG,
- die IKEA-Mission,
- die zehn Unternehmensleitsätze von SCHÖLLER,
- die Corporate Responsibility-Policy von ALDI,
- das Unternehmensleitbild von SIEMENS,
- das Mission Statement von COCA COLA oder
- die globalen Unternehmenswerte von CAPGEMINI.

Abb. 3.3 zeigt beispielhaft das Unternehmensleitbild der HEIDELBERG CEMENT Group.

3.2.4 Unternehmenszweck

Der Unternehmenszweck gibt vor, welche Art von Leistungen das Unter- nehmen im Markt erbringen und anbieten soll. Er gibt Antwort auf die Frage. „Was ist unser Geschäft und was wird zukünftig unser Geschäft sein?" Die damit angesprochene *Mission* einerseits und *Vision* andererseits müssen durch bestimmte Leistungen verwirklicht und „gelebt" werden, damit sie zu *Wett- bewerbsvorteilen* führen.

Als einer der weltweit führenden Baustoffhersteller handeln wir verantwortungsvoll gegenüber unseren Mitarbeitern, Kunden, Aktionären, der Gesellschaft und der Umwelt

Unser Unternehmensleitbild

Unsere Unternehmenskultur und unsere Werte

■ Wir bauen auf die drei Pfeiler einer nachhaltigen Entwicklung: Ökonomie, Ökologie und gesellschaftliche Verantwortung.

■ Unser wirtschaftliches Ziel ist eine kontinuierliche Steigerung der Ergebnisse durch Kostenführerschaft und langfristiges, am Ergebnis orientiertes Wachstum.

■ Wir streben eine langfristige, von Verlässlichkeit und Integrität geprägte Kundenbeziehung an.

■ Unser Erfolg basiert auf kompetenten, engagierten Mitarbeitern und einer exzellenten Führungsmannschaft.

■ Klimaschutz und Ressourcenschonung sind unsere vorrangige Ziele im Umweltschutz.

■ Unsere Informationspolitik ist transparent, wahrheitsgetreu und verantwortungsbewusst.

■ Aktive und offene Kommunikation prägen unseren Umgang miteinander.

Das Unternehmensleitbild der HEIDELBERGCEMENt Group zeigt eindrucksvoll, wie die gewählte Formulierung eine einheitliche Grundauffassung und damit einen Rahmen für die persönlichen Initiativen der Mitarbeiter schafft, um die nachgeordneten Zielsetzungen und Strategien zu steuern. Ein Unternehmensleitbild ist demnach kein exakter Maßnahmenplan, sondern eher ein Orientierungsrahmen und eine Messlatte zur Bewertung des jeweiligen Vorgehens.

Abb. 3.3 Unternehmensleitbild der HEIDELBERG CEMENT. (Quelle: www.heidelbergcement. com/global/de/company/about_us/our_mission.html)

Die **Vision** gilt als der „Ursprung der unternehmerischen Tätigkeit" und als „generelle Leitidee". Sie beschreibt die Seele des Unternehmens und soll ein positives und damit wünschenswertes Zukunftsbild eines Unternehmens zeichnen (vgl. Bleicher 2001, S. 99).

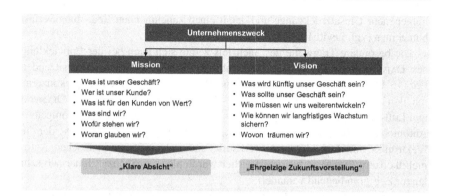

Abb. 3.4 Fragen zu Mission und Vision. (Quelle: Becker 2009, S. 40)

Die **Mission** trifft Aussagen über die Kernkompetenz bzw. den Wettbewerbsvorteil, den das Unternehmen mit seinen Produkten, Dienstleistungen oder Lösungen erzielen kann. Sie beschreibt, welche Kundenbedürfnisse befriedigt, welche Kundengruppen bedient und durch welche Aktivitäten, Technologien und Fähigkeiten das Unternehmen den Kunden einen Wert bieten kann (vgl. Menzenbach 2012, S. 8 unter Bezugnahme auf Welge und Al-Laham 2008, S. 195).

Die wichtigsten Fragen zur **Mission,** die die „klare Absicht des Unternehmenszwecks" beschreibt, und zur **Vision** als „ehrgeizige Zukunftsvorstellung" eines Unternehmens liefert Abb. 3.4 (vgl. Becker 2009, S. 40].

3.3 Sach- und Formalziele

Der Unternehmenszweck beschreibt gleichzeitig das **Sachziel** des Unternehmens. Während das Sachziel den Markt definiert, in dem das Unternehmen tätig sein will, legen die **Formalziele** die Dimensionen der Zielerreichung (Gewinn, Umsatz etc.) und das Ausmaß ihrer Erfüllung (Maximierung, Minimierung) fest (vgl. Bidlingmaier 1973, S. 25).

THEODORE LEVITT weist in seinem berühmt gewordenen Beitrag zur „Marketing-Kurzsichtigkeit" (engl. *Marketing Myopia*) darauf hin, dass Entscheidungen über Sachziele besonders weitreichende, wenn nicht gar existenzielle Auswirkungen haben. So gingen z. B. die amerikanischen Eisenbahnen davon aus, ausschließlich im Eisenbahngeschäft tätig zu sein. Sie übersahen, dass ihr Geschäft nicht nur das Transportgeschäft zur Schiene, sondern auch das zu Wasser und zu Luft ist. So mussten sie trotz steigender Nachfrage nach Transportleistungen immer mehr Umsatzrückgänge und damit einen zunehmenden Bedeutungsverlust hinnehmen (vgl. Levitt 1960, S. 45 ff.).

Die besondere Tragweite des Sachziels zeigte sich auch bei der Entwicklung des DAIMLER-Konzerns in den 90er Jahren. Unter dem Vorstandsvorsitzenden EDZARD REUTER definierte sich DAIMLER als „Integrierter Technologiekonzern" mit den Sparten Automobil (MERCEDES-BENZ), Elektrotechnik (AEG, OLYMPIA) und Luft- und Raumfahrt (MBB, FOKKER, DORNIER). „Zurück zur Kernkompetenz Automobil" hieß die Devise unter REUTERS Nachfolger JÜRGEN SCHREMPP, der die Elektronik- und Luftfahrtsparte verkaufte und mit dem amerikanischen Automobilkonzern CHRYSLER fusionierte. Hier wurde also das Sachziel innerhalb sehr kurzer Zeit grundlegend verändert.

Der Unternehmenszweck bzw. das Sachziel findet häufig – gepaart mit einer konsequent kundenorientierten Kernaussage – seinen Niederschlag in der Kommunikationspolitik als sogenannte **Tagline**, die häufig im „Untertitel" der Unternehmensmarke geführt wird. Beispiele für solche Taglines sind (siehe auch Becker 2009, S. 40):

- MERCEDES: „Ihr guter Stern auf allen Straßen"
- BMW: „Freude am Fahren"
- AUDI: „Vorsprung durch Technik"
- DEUTSCHE BANK: „Leistung aus Leidenschaft"
- COMMERZBANK: „Die Bank an Ihrer Seite"
- DR. OETKER: „Qualität ist unser Rezept"
- IBM: „Solutions for a small planet"
- LUFTHANSA: „The better way to fly"
- AVIS: „We try harder"

Aufbauend auf Abb. 3.1 gibt die nachstehende Abb. 3.5 einen Überblick über die Pyramide unternehmerischer und (hier beispielhafter) marketingorientierter Zielelemente.

3.4   Marketingziele

Im Rahmen der *marktorientierten* Unternehmensplanung spielen naturgemäß die Marketingziele (unter den funktionalen Zielen) eine besondere Rolle. Marketingziele lassen sich grundsätzlich einteilen in marktökonomische Ziele (z. B. Marktanteil, Marktdurchdringung) und marktpsychologische Ziele (z. B. Image, Bekanntheitsgrad).

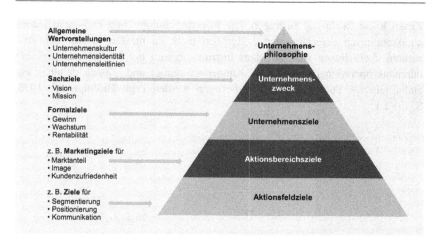

Abb. 3.5 Die Zielpyramide *des Unternehmens*. (Quelle: in Anlehnung an Bea und Haas 2005, S. 69)

Marketingziele		Geltungsbereich	
		B2C	B2B
Markt-ökonomische Ziele	Marktanteil		
	Marktdurchdringung		
	Preispositionierung		
Markt-psychologische Ziele	Image		
	Bekanntheitsgrad		
	Käuferreichweite		
	Kaufintensität		
	Kundenzufriedenheit		
	Kundenbindung		

Vollumfängliche Bedeutung   Teilweise Bedeutung   Kaum oder geringe Bedeutung

Abb. 3.6 *Marketingziele und Geltungsbereiche*. (Quelle: Becker 2009, S. 65 ff.)

In Abb. 3.6 sind diese Ziele mit ihrem Geltungsbereich für das B2C- bzw. das B2B-Marketing aufgeführt. Eine zielgesteuerte Führung im Marketingbereich verlangt, dass die Marketingziele operational definiert sind und damit eindeutigen Messvorschriften unterliegen. Dieser Forderung ist bei den marktökonomischen

Zielen leicht Rechnung zu tragen. Die marktpsychologischen Ziele sind jedoch an ökonomisch determinierten Sollgrößen nicht zu messen. Diese nicht-monetären Ziele lassen sich mit dem Instrumentarium der Marktforschung aber durchaus operationalisieren (z. B. Kundenbefragung) und können damit in ein zielgesteuertes Führungsmodell einbezogen werden (vgl. Bidlingmaier 1973, S. 138 f.).

Strategie – Wie kommen wir dahin?

4

4.1 Notwendigkeit der Strategieentwicklung

Im letzten Schritt der Unternehmensplanung werden die Strategien festgelegt und durch entsprechende Maßnahmen umgesetzt. Dieser interne Prozess der Strategieentwicklung lässt sich sehr gut am Beispiel des unternehmerischen Umgangs mit den Möglichkeiten der Digitalisierung aufzeigen. So besteht bspw. Einigkeit darüber, dass das übergeordnete Ziel der digitalen Transformation die Sicherung der Zukunftsfähigkeit der allermeisten Unternehmen ist. Nun gilt es aber, eine übergeordnete Strategie dazu zu entwickeln. Selbst wenn – aufgrund der individuellen Branchenzugehörigkeit – keine digitalen Produkte in das Produktportfolio passen, so können in sehr vielen Fällen digitale Services in das Kerngeschäft übernommen und integriert werden. Dazu bedarf es aber einer Strategie, die hierzu den entsprechenden Rahmen vorgibt.

▶ **Strategien** bilden den Rahmen für das unternehmerische Handeln und sind ein zentrales Bindeglied *("Scharnierfunktion")* zwischen den Zielen und den laufenden operativen Maßnahmen. Eine Strategie umfasst alle Maßnahmen zur Erreichung eines unternehmerischen Ziels. Die Strategie ist somit der Weg zum Ziel, die Marschroute.

Der ursprünglich militärisch besetzte Begriff „Strategie" hat seine Wurzeln im griechischen *stratos* (das Heer) und *again* (das Führen). Mitte des 20. Jahrhunderts wurde der Strategiebegriff im Rahmen der Spieltheorie in die Betriebswirtschaftslehre eingeführt. Unternehmensstrategien enthalten Handlungspläne, die dem Management für alle denkbaren Situationen die für richtig erachtete

© Springer Fachmedien Wiesbaden GmbH, ein Teil von Springer Nature 2019
D. Lippold, *Marktorientierte Unternehmensplanung*, essentials,
https://doi.org/10.1007/978-3-658-26091-0_4

Handlungsmöglichkeit anbieten (vgl. Menzenbach 2012, S. 9 unter Bezugnahme auf Welge und Al-Laham 2008, S. 198).

Ziele bestimmen die Frage des *„Wohin",* **Strategien** konkretisieren die Frage des *„Wie".* Strategien bestimmen die grundsätzliche Ausrichtung eines Unternehmens im Markt. Sie legen zugleich fest, welche Ressourcen zu ihrer Verfolgung aufgebaut und eingesetzt werden sollen. Die besonderen Merkmale strategischer Entscheidungen sind (vgl. Hungenberg und Wulf 2011, S. 107 ff.):

- Strategien beanspruchen eine längerfristige Gültigkeit und geben unter den sich ständig ändernden Rahmenbedingungen einen stabilen Entwicklungspfad vor.
- Strategien sind darauf ausgerichtet, den langfristigen Erfolg eines Unternehmens zu sichern.
- Strategien zielen darauf ab, Erfolgspotenziale und Wettbewerbsvorteile aufzubauen und zu verteidigen.
- Strategien werden in größeren Unternehmen zumeist auf drei Ebenen gestaltet: auf der Ebene des Gesamtunternehmens (= Unternehmensstrategie bzw. Unternehmensentwicklungsstrategie), auf Geschäftsfeldebene (= Geschäftsfeldstrategie) und auf Ebene einzelner Funktionsbereiche (z. B. Marketing- oder Personalstrategie).

Strategien bilden den Rahmen für das unternehmerische Handeln und sind damit ein zentrales Bindeglied *(„Scharnierfunktion")* zwischen den Zielen und den laufenden operativen Maßnahmen. Ziele bestimmen die Frage des *„Wohin",* Strategien konkretisieren die Frage des *„Wie",* und der Mix legt den Instrumentaleinsatz *(„Womit")* und damit den eigentlichen Handlungsprozess fest (vgl. Becker 2009, S. 140 ff.; Kotler et al. 2007, S. 88 f.).

Die Trennung von Zielen *(„Philosophie"),* Strategien *(„Struktur")* und Maßnahmen-Mix *(„Prozess")* lässt sich in der Praxis allerdings kaum durchhalten. Zu eng sind die **Verflechtungen zwischen Strategie- und Prozessebene.** So ist es weder möglich, Strategien und Maßnahmen eindeutig voneinander zu trennen, da ein und dieselbe Entscheidung sowohl strategisch als auch maßnahmenorientiert ausgerichtet sein kann (vgl. Backhaus 1990, S. 206), noch lässt sich eine eindeutige Zuordnung der Instrumentalbereiche (Maßnahmen-Mix) zur strategisch-strukturellen Ebene bzw. zur taktisch-operativen Ebene vornehmen. Selbst Becker (2009, S. 485) räumt ein, dass der Maßnahmen-Mix auch als die taktische Komponente der Strategie aufgefasst werden kann.

Speziell für die marktorientierte Unternehmensplanung, bei der ja der Funktionsbereich *Marketing/Vertrieb* im Vordergrund steht, bietet die **Marketing-Gleichung** einen praxiserprobten Ansatz, der auf die (mehr theoretische) Trennung von Strategie und Maßnahmen-Mix verzichtet. Gleichwohl bietet die Marketing-Gleichung ein **Vorgehensmodell** *und* einen **Handlungsrahmen** für die zielorientierte Maßnahmenplanung und den entsprechenden Mitteleinsatz in den jeweiligen Aktionsfeldern des Marketings. Abb. 4.1 enthält eine synoptische Zuordnung der einzelnen Aktionsfelder der Marketing-Gleichung zu den beiden Konzeptionsebenen *Strategie* und *Maßnahmen-Mix* (zur Marketing-Gleichung siehe ausführlich Lippold 2015).

4.2 Strategiearten – Überblick

In der Literatur findet sich eine Vielzahl von Strategien – Strategien, die alle den Weg zum Ziel aufzeigen sollen. Um eine gewisse Systematik in diese vielen Strategiearten zu bringen, werden sie im Folgenden anhand von verschiedenen Merkmalen „sortiert", ohne dass damit ein Anspruch auf Vollständigkeit und Überschneidungsfreiheit erzielt werden kann (siehe hierzu auch Bea und Haas 2005, S. 168 ff.).

Nach der groben **Richtung der Unternehmensentwicklung** aus Sicht der Investitionstätigkeit kann unterschieden werden zwischen:

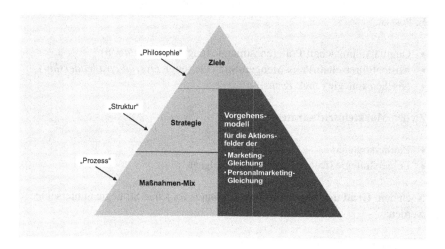

Abb. 4.1 Einordnung der Marketing-Gleichung in das Schichtenmodell der Unternehmenskonzeption. (Quelle: Darstellung modifiziert nach Becker 1993, S. 120)

- Wachstumsstrategie
- Stabilisierungsstrategie (Halten/Konsolidieren)
- Desinvestitionsstrategie, auch: Schrumpfungsstrategie (Veräußern/Liquidieren).

Ein „Klassiker" unter den Strategiearten sind die **Wachstumsstrategien** von IGOR ANSOFF:

- Marktdurchdringungsstrategie (engl. *Market penetration*)
- Marktentwicklungsstrategie (engl. *Market development*)
- Produktentwicklungsstrategie (engl. *Product development*)
- Diversifikationsstrategie (engl. *Product development*).

Nach dem **organisatorischen Geltungsbereich** werden folgende Strategien abgegrenzt:

- Gesamtunternehmensstrategie (engl. *Corporate strategy*)
- Geschäftsbereichsstrategie (engl. *Corporate unit strategy; Business strategy*)
- Funktionsbereichsstrategie (engl. *Functional area strategy; Funktional strategy*).

Ein weiterer Strategie-„Klassiker" sind die **Wettbewerbsstrategien** von MICHAEL E. PORTER:

- Qualitätsführerschaft/Präferenzstrategie (engl. *Differentiation*)
- Kostenführerschaft/Preis-Mengen-Strategie (engl. *Overall cost leadership*)
- Nischenstrategie (engl. *Focus*).

Zu den **Markteintrittsstrategien** zählen:

- Pionierstrategie
- Folgerstrategie (früher Folger/später Folger).

Nach dem **Grad der Eigenständigkeit** können folgende Strategien unterschieden werden:

- Autonomiestrategie
- Kooperationsstrategie
- Integrationsstrategie.

Zu den **Funktionalen Strategien** zählen u. a.:

- Beschaffungsstrategie
- Produktionsstrategie
- Marketingstrategie
- Personalstrategie
- Finanzierungsstrategie
- Entwicklungsstrategie (F&E-Strategie)
- Technologiestrategie
- Innovationsstrategie.

Nach dem **regionalen Geltungsbereich** sind folgende Strategien zu zählen:

- Lokale Strategie
- Nationale Strategie
- Internationale Strategie
- Globale Strategie.

Mit der **Segmentierung** befassen sich folgende Strategien:

- Gesamtmarktabdeckung
- Marktspezialisierung
- Leistungsspezialisierung
- Selektive (differenzierte) Spezialisierung
- Nischenspezialisierung.

Zu den **Portfoliostrategien** können gerechnet werden:

- Lebenszyklus/Erfahrungskurve
- BCG-Matrix/McKinsey-Matrix/ADL-Matrix.

Eine ausführliche Darstellung der hier genannten Strategien würde den Rahmen dieses *essentials* sprengen. Eine entsprechende Abhandlung findet sich stattdessen bei Lippold 2016a, b.

Was Sie aus diesem *essential* mitnehmen können

- Die Unternehmensplanung als Teil des Planungssystems verstehen und anwenden können
- Hintergrundinformationen über externe und interne Einflussfaktoren im Rahmen des Planungsprozesses
- Einflussfaktoren mithilfe von marktorientierten Analysetools in einen Wirkungszusammenhang stellen
- Das unternehmerische Zielsystem auf das Verhalten des Unternehmens als Ganzes verstehen, anwenden und damit den Außenkurs des Unternehmens bestimmen können

© Springer Fachmedien Wiesbaden GmbH, ein Teil von Springer Nature 2019   53
D. Lippold, *Marktorientierte Unternehmensplanung,* essentials,
https://doi.org/10.1007/978-3-658-26091-0

Literatur

Aaker DA (1984) Strategic market management. Wiley, New York

Andler N (2008) Tools für Projektmanagement, Workshops und Consulting. Kompendium der wichtigsten Techniken und Methoden. Publicis, Erlangen

Backhaus K (1990) Investitionsgütermarketing, 2. Aufl. Vahlen, München

Bea FX, Haas J (2005) Strategisches Management, 4. Aufl. UTB, Stuttgart

Becker J (1993) Marketing-Konzeption. Grundlagen des strategischen Marketing-Managements, 5. Aufl. Vahlen, München

Becker J (2009) Marketing-Konzeption. Grundlagen des ziel-strategischen und operativen Marketing-Managements, 9. Aufl. Vahlen, München

Bidlingmaier J (1973) Marketing, Bd 1. Rowohlt, Reinbeck bei Hamburg

Bleicher K (2001) Das Konzept Integriertes Management. Visionen – Missionen – Programme. St. Gallener Management-Konzept, Bd 1, 6. Aufl. Campus, Frankfurt a. M.

Buß E (2009) Managementsoziologie. Grundlagen, Praxiskonzepte, Fallstudien, 2. Aufl. Oldenbourg, München

Fahrni F, Völker R, Bodmer C (2002) Erfolgreiches Benchmarking in Forschung und Entwicklung, Beschaffung und Logistik. Hanser, München

Fink D (2009) Strategische Unternehmensberatung. Vahlen, München

Grant RM, Nippa M (2006) Strategisches Management. Analyse, Entwicklung und Implementierung von Unternehmensstrategien. Pearson, München

Hamal G, Prahalad CK (1990) The core competence and the corporation. Harvard Business Review 68(May-June):79–91

Hinterhuber H (1996) Strategische Unternehmensführung I: Strategisches Denken: Vision, Unternehmenspolitik, Strategie, 6. Aufl. Springer, Berlin

Hungenberg H, Wulf T (2011) Grundlagen der Unternehmensführung, 4. Aufl. Springer, Heidelberg

Kohlbacher F, Herstatt C, Schweisfurth T (2010) Produktentwicklung in Zeiten des demografischen Wandels – Herausforderungen und Ansätze der Marktbearbeitung. Wissenschaftsmanagement. Zeitschrift für Innovation 16(1):30–36

Kern U (2012) Analyse und Beschreibung des Führungsmodells eines kreativen Global Players. Fallstudie Ikea-Reader 2012

© Springer Fachmedien Wiesbaden GmbH, ein Teil von Springer Nature 2019 55
D. Lippold, *Marktorientierte Unternehmensplanung*, essentials,
https://doi.org/10.1007/978-3-658-26091-0

Kerth K, Asum H, Stich V (2011) Die besten Strategietools in der Praxis. Welche Werkzeuge brauche ich wann? Wie wende ich sie an? Wo liegen die Grenzen?, 5. Aufl. Hanser, München

Kotler P, Keller KL, Bliemel F (2007) Marketing-Management. Strategien für wertschaffendes Handeln, 12. Aufl. Pearson, München

Kotler P, Armstrong G, Wong V, Saunders J (2011) Grundlagen des Marketing, 5. Aufl. Pearson, München

Levitt T (1960) Marketing Myopia. Harvard Business Review 7(8):45–56

Lippold D (2013) Die Unternehmensberatung. Von der strategischen Konzeption zur praktischen Umsetzung. Springer Gabler, Wiesbaden

Lippold D (2015) Die Marketing-Gleichung. Einführung in das prozess- und wertorientierte Marketingmanagement, 2. Aufl. Oldenbourg, München

Lippold D (2016a) Management- und Beratungstechnologien im Überblick. Teil 1: Technologien zur Information, Analyse und Zielsetzung. Springer, Wiesbaden

Lippold D (2016b) Management- und Beratungstechnologien im Überblick. Teil 2: Technologien zur Problemlösung und Implementierung. Springer, Wiesbaden 2016.

Lippold D (2017) Marktorientierte Unternehmensberatung. Management im digitalen Wandel. de Gruyter, Berlin

Lippold D (2018) Die Unternehmensberatung. Von der strategischen Konzeption zur praktischen Umsetzung, 3. Aufl. Springer, Wiesbaden

Macharzina K, Wolf J (2010) Unternehmensführung. Das internationale Managementwissen. Konzepte – Methoden – Praxis, 7. Aufl. Springer Gabler, Wiesbaden

Menzenbach J (2012) Visionäre Unternehmensführung. Grundlagen Erfolgsfaktoren, Perspektiven. Springer Gabler, Wiesbaden

Müller-Stewens G, Lechner C (2001) Strategisches Management. Wie strategische Initiativen zum Wandel führen. Schäffer-Pöschel, Stuttgart

Peters TJ, Waterman RH (1984) Auf der Suche nach Spitzenleistungen. Was man von den bestgeführten US-Unternehmen lernen kann, 10. Aufl. Moderne Industrie, Landsberg am Lech

Porter ME (1986) Competition in global industries. A conceptual framework. In: Porter ME (Hrsg) Competition in global industries. Harvard Business School Press, Boston, S 15–60

Porter ME (1995) Wettbewerbsstrategie, 8. Aufl. Campus, Frankfurt a. M.

Rückle H (1994) Mit Visionen an die Spitze. Gabler, Wiesbaden

Runia P, Wahl F, Geyer O, Thewißen C (2011) Marketing. Eine prozess- und praxisorientierte Einführung, 3. Aufl. Oldenbourg, München

Sackmann SA (2004) Erfolgsfaktor Unternehmenskultur. Mit kulturbewusstem Management Unternehmensziele erreichen und Identifikation schaffen – 6 Best Practice-Beispiele. Gabler, Wiesbaden

Ulrich P, Fluri E (1995) Management, 7. Aufl. UTB, Stuttgart

Welge MK, Al-Laham A (2008) Strategisches Management. Grundlagen – Prozesse – Implementierung, 5. Aufl. Gabler, Wiesbaden

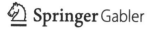

Printed in the United States
By Bookmasters